주간
인물
한국사

주간 인물 한국사
역사와 한자 공부를 한 번에 뚝딱!

초판 1쇄 발행 • 2021년 3월 19일

글·그림 • 박은철
펴낸이 • 강일우
편집 • 한아름
조판 • 이주니
펴낸곳 • (주)창비교육
등록 • 2014년 6월 20일 제2014-000183호
제조국 • 대한민국
주소 • 04004 서울특별시 마포구 월드컵로12길 7
전화 • 1833-7247
팩스 • 영업 070-4838-4938 / 편집 02-6949-0953
홈페이지 • www.changbiedu.com
전자우편 • textbook@changbi.com

ⓒ 박은철 2021
ISBN 979-11-6570-054-6 73900

주간 인물 한국사

박은철 글·그림

창비

'포도대장'

초등학생 때 책에서 이 단어를 보고 신기해했던 기억이 나네요. '도대체 얼마나 포도를 좋아했길래 이름이 포도대장일까?'라면서 말이죠. 그 포도가 잡을 포(捕), 도적 도(盜)라는 사실을 알게 되었을 때는 더욱 신기했어요. 도둑을 잡는 사람들의 대장이니 요즘의 경찰청장 정도 되는 사람이겠다고 저절로 이해가 되었거든요. '목구멍이 포도청'이란 말도 그때부터는 실감 나게 다가왔죠.

우리말은 70% 이상이 한자어입니다. 특히 근대 이전의 우리나라 역사 기록들은 거의 100% 한자와 한문으로 되어 있어요. 사람, 땅, 기관, 관직 이름 같은 것도 다 한자인데 그 뜻을 모르면 암호문이나 외계어와 다를 게 없을 거예요.

교사를 하면서 그렇게 받아들이고 있는 아이들을 보면서 무척 안타까웠어요. 그 마음이 이 책을 쓰게 했답니다. 한자

를 알면 마치 화석 같았던 역사의 부분들이 다르게 느껴질 거예요. 글자가 생명을 얻고 꿈틀댄다는 것을요. 이제 우리 역사에 발자취를 남긴 인물들을 한 주에 한 명씩 만나 보세요. 매주 역사 인물들이 직접 자기 이야기를 들려준답니다. 생생한 당시 이야기를 듣다 보면 지루했던 역사 공부가 재밌어질 거예요. 52주 후에는 아마 예전보다 훨씬 쉽게 역사, 한자와 친해져 있을 거예요.

이번 주에는 광개토 대왕이 되어 만주 벌판을 호령해 보고, 다음 주에는 박지원이 되어 머나먼 열하까지 걸어가며 청나라 곳곳을 관찰해 보고, 그다음 주에는 신돌석이 되어 굶주림과 추위 속에 태백산 눈길을 헤쳐가 보고, 또 그다음 주에는 이회영이 되어 가족들을 이끌고 얼어붙은 압록강을 비장한 마음으로 건너 보세요. 글로만 배웠던 역사가 내 삶 안에 안겨오는 것을 느낄 수 있을 겁니다. 책을 쓰는 동안 제가 그랬던 것처럼 말이죠.

2021년 봄
박은철

이 책은 이렇게 읽어요!

봉화 촌놈에서 개경 도시남으로

경상북도의 대표 오지 중 한 곳인 봉화의 시골 소년이었던 나는 아버지께서 고려의 높은 벼슬을 하시게 되면서 수도 개경의 도시 남자가 되었어. 그곳에서 아버지 친구이자 당대 최고 학자로 손꼽힌 이색 선생님께 글을 배웠지. 정몽주, 이숭인 같이 유명한 친구들이 내 동창이었어. 그런 뛰어난 친구들과 어울려 공부한 덕에 나는 일찍부터 벼슬길에 나가 공민왕의 총애를 받는 신하로 성장했어.

유배 생활에서 꿈꾼 민본주의

1375년 원나라 사신이 명나라를 치는 연합 작전을 논의하러 고려에 온 일이 있었어. 나는 원나라가 이미 지는 태양이라고 생각했기 때문에 젊은 개혁가들과 함께 이 작전을 극렬

조선 | 정치가
정도전

✔ 한 주에 한 명, 두 쪽씩!

인물의 프로필, 키워드, 에피소드 모두를 한눈에 들어오게 구성했어요. 일주일에 한 명씩 읽으면서 고대부터 근현대까지 한국사 전체를 훑어 보아요.

✔ 인물들이 들려주는
재밌는 역사 이야기

이 책은 인물 당사자가 스토리텔러가 되어 역사 사건에 대해 이야기해 주어요. 인물들이 전하는 생생한 역사 현장을 상상하며 읽어 보세요.

나라도, 임금도 백성을 위해 존재할 때만 가치가 있소.

당신은 너무 사납고 거칠어.

내 제자, 방석 세자가 성군이 될 상이오.

강력한 왕권이 진리지!

←이방원

改 革
고칠 개　고칠 혁

제도나 기구 따위를
새롭게 뜯어고침.

앙으로 물러 대사성으로
는 개혁파들과 함께 서둘
침내 꿈이 이루어진 거야
오로지 나의 손에 맡겨져

✔ 한자를 통해 주요 키워드 학습!

에피소드에 나오는 주요 단어를 한자로 풀어 설명했어요. 자연스럽게 기초 한자와 초등 핵심 한자를 익혀 보아요.

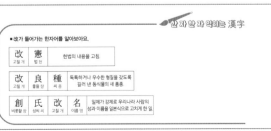

한 자 한 자 익히는 漢字

■改가 들어가는 한자어를 알아보아요.

改 고칠 개	憲 법 헌		헌법의 내용을 고침.
改 고칠 개	良 좋을 량	種 씨 종	특특하거나 우수한 형질을 갖도록 길러 낸 동식물의 새 품종.
創 비롯할 창	氏 성씨 씨	改 고칠 개　名 이름 명	일제가 강제로 우리나라 사람의 성과 이름을 일본식으로 고치게 한 일

✓ 이 인물은 누구?

가장 효과적으로 역사를 공부하는 방법은 꼬리에 꼬리를 물어 가며 생각하는 것이에요. 이 주의 인물과 관련된 다른 인물의 이야기를 읽으며 생각의 폭을 넓혀 보아요.

꼬리에 꼬리를 무는 인물

않는 곳이 없
를 정비했어.
은 수도를 개
지금의 서울인
그리고 10개월
는 경복궁을
울의 모든 궁
템 정비도 손
들고자 한 내

학자 | 정몽주

고려의 문제를 두고 신진 사대부는 두 갈래로 나뉘었어. 새 왕조를 세

기념일에도 인물 한국사

선덕 여왕

"역사상 첫 여성 국가 지도자가 되다."

#딸 바보 우리 아빠 진평왕 #빈틈없는 골품 제도 통격 높은 여성 리더십
#정치는 덕만 스타일 #분황사 황룡사 첨성대 불교 건축미 상대장

3월 8일　　세계 여성의 날

즉위 초기 나는 나라 안팎으로 많은 어려움을 겪었어. 특히 백제는 신라가 약속을 깨
고 한강 유역을 차지한 것에 복수하려고 신라를 공격했지. 또 신하 비담이 난을 일으키
기도 했어. 비담은 신라의 최고 관직인 상대등 자리에 있었는데 나에게 불만을 품고 반
란을 일으켰지. 하지만 김유신 장군이 이끄는 군대에 의해 진압되었어.

불심으로 대동단결

나는 여성이라는 한계에도 불구하고 신라를 지혜롭게 발전시킨 왕으로 평가받고, 이

✓ 기념일과 역사 인물을 매칭해 보기

기념일에도 우리가 기억해야 할 특별한 역사 인물들이 있어요. 기념일의 의미를 함께 생각하며 인물들의 삶을 살펴보아요.

✓ 이름을 알면 역사가 보인다!

부록 '이름값 하는 역사 인물'을 준비했어요. 인물들의 이름에는 어떤 한자가 쓰였고 어떤 뜻을 가지고 있는지 재미있는 만화로 알 수 있어요.

姜希顔

성씨 강　　바람 희　　얼굴 안

공자에게는 수많은 제자들이 있었는데
안회(顔回)는 공자에게 가장 사랑받는 제자였어.
나의 부모님은 내가 공자의 원픽 제자였던
안회처럼 살기를 바라시는 마음으로
내 이름을 지으셨지.

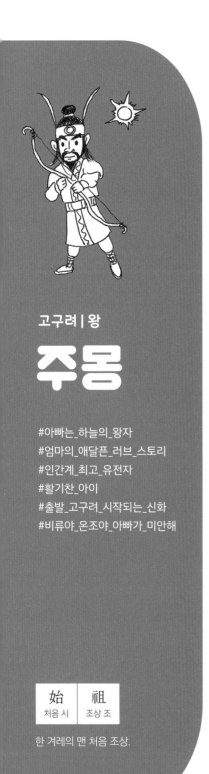

고구려 | 왕

주몽

#아빠는_하늘의_왕자
#엄마의_애달픈_러브_스토리
#인간계_최고_유전자
#활기찬_아이
#출발_고구려_시작되는_신화
#비류야_온조야_아빠가_미안해

始	祖
처음 시	조상 조

한 겨레의 맨 처음 조상.

물고기와 자라가 놓은 다리

"허걱…."

그때를 생각하면 아직도 눈앞이 캄캄해지는 것 같아. 형제처럼 지냈던 대소 왕자의 군대가 흙바람을 일으키며 턱밑까지 나를 뒤쫓아 오고 있었어. 근데 하필 엄청나게 불어난 강물이 우르르 쾅쾅 소리를 내며 내 앞을 가로막고 있었던 거야. 나는 다급하게 소리쳤어.

"내가 바로 천제(天帝)의 손자요, 하백(河伯)의 외손자 주몽이다. 살길을 열어 다오."

그러자 기묘한 일이 생겼어. 강의 물고기와 자라가 떼를 지어 몰려와 다리를 만들어 주었던 거야.

대추격전과 출생의 비밀

하늘의 제왕 천제의 아들 해모수. 그는 물의 제왕 하백의 딸 유화를 보고 첫눈에 반해 결혼하였으나 유화를 땅에 내버려 두고 하늘로 올라가 버렸어. 가문을 욕되게 했다고 쫓겨난 유화는 북부여 금와왕의 도움으로 왕궁에 들어갔고 거기서 알을 하나 낳았지. 그리고 그 알을 깨고 나온 게 바로 나, 주몽이야.

나는 금와왕의 일곱 왕자들과 같이 궁궐에서 자랐어. 남다른 DNA 덕분인지 주특기인 활쏘기를 비롯해 나는 모든 면에서 클래스가 달랐지. 그래서 금와왕의 총애를 받았어. 결국 대소 왕자와 그 형제들은 자신들이 왕위를 계승하지 못할 것 같은 두려움에 빠져 나를 죽일 계획을 세운 거야. 어머니께서는 이것을 눈치채고 내게 빨리 궁을 떠나라고 긴급 메시지를 보내셨어. 그래서 내가 쫓기고 있었던 거야. 왕자들의 끈질긴 추격을 벗어나 극적으로 탈출한 나는 남쪽으로 내려가 졸본 부여라는 곳에 터를 잡았고, 기원전 37년 고구려를 세워 고구려의 **시조**(始祖)가 되었지. 그때 내 나이가 스물세 살이었어.

위대한 고구려 시대의 서막을 열다

내 이름은 추몽, 중모, 도모 등으로 다양해. '주몽'은 '활을 잘 쏘는 사람'을 뜻하는 부여 지방의 사투리야. 나는 왕위에 오르자마자 주변 국가인 말갈을 정복했어. 뒤이어 행인국과 북옥저도 정복하면서 고구려를 새롭게 떠오르는 강대국으로 만들었지.

왕이 된 지 19년이 되던 해에는 북부여에 있을 때 결혼했던 첫사랑 예씨와 장남 유리가 찾아와 눈물의 이산가족 상봉을 했어. 너무 기쁘고 반가웠지만, 사실 한편으로는 적잖이 당황스러웠어. 왜냐하면 나는 이미 졸본 부여 왕의 딸 소서노와 재혼한 상태였고 소서노가 전남편 사이에서 낳은 아들들, 비류와 온조가 있었기 때문이었어. 후계자를 누구로 세워야 하나 고민한 끝에 결국 유리를 태자로 세웠어. 유리는 나를 닮아 활의 달인이었고 후에 고구려의 국가 기틀을 마련한 큰 인물이 되었지.

꼬리에 꼬리를 무는 인물

왕 | 온조

유리가 태자로 책봉이 되자 남은 두 아들 비류와 온조는 살길을 찾으려고 남쪽 땅으로 내려갔어. 온조는 지금의 서울 지역에 정착하여 나라를 세웠지. 그것이 바로 삼국 시대의 삼국 중 하나인 백제야. 백제의 시조가 된 온조는 나중에 비류의 신하들까지 받아들이는 포용력을 보여 주며 나라를 강성하게 키워 나갔어.

한 자 한 자 익히는 漢字

■ 始가 들어가는 한자어를 알아보아요.

始 처음 시	作 만들 작		어떤 일의 처음 단계.
始 처음 시	球 공 구		경기가 시작되었음을 알리기 위하여 처음으로 공을 던지는 일.
原 근원 원	始 처음 시	人 사람 인	지금의 인류 전에 더 옛날에 살던 인류.

가야 | 왕

김수로

#우리에게도_왕이_필요해
#구지가_구지가_신나는_노래
#한국과_인도_로얄_패밀리_웨딩_
  실크_로드
#가야_허황옥과_오래_가야_해

龜	旨	歌
거북 구	뜻 지	노래 가

구지봉에서 왕을 맞이하기 위해
부른 노래.

신비한 소리, 흥겨운 노래

"여기 사람이 있느냐?"

42년, 구지봉이라는 산봉우리에서 누군가를 부르는 소리가
들려왔어. 그 소리는 매우 신비스러웠지. 그 지역 아홉 부족의
리더들인 구간(九干)이 소리에 답했어.

"저희들이 있습니다."

그러자 신비한 목소리가 다시 들려왔어.

"하늘의 명으로 이곳에 나라를 세우고 임금이 되기 위해 왔
으니, 너희는 이 봉우리의 땅을 파고 흙을 모으면서 이 노래
를 부르며 춤을 추어라. 이것이 신령한 왕을 맞이하는 기쁘고
즐거운 퍼포먼스가 될 것이라."

신비한 목소리가 알려 준 노래는 이랬어.

"거북아, 거북아. 머리를 내놓아라. 내놓지 않으면 구워서
먹을 것이다."

이 노래를 **구지가**(龜旨歌)라고 해.

수로, 황금 알을 깨고 세상에 외치다

구간과 백성들은 흥겹게 구지가를 부르며 춤추었지. 그러다
하늘을 우러러보니 하늘에서 자주색 줄이 드리웠고 그 줄 끝
에는 금으로 만든 상자가 붉은 보자기에 싸인 채 매달려 있었
어. 상자 안에는 알 여섯 개가 있었는데 모두 태양 같이 황금빛
으로 빛났지. 그 알을 깨고 여섯 명의 남자 아기들이 태어났어.
그들은 모두 성스러운 용모를 가지고 있었지. 사람들은 아기
들을 의자에 앉히고 공손히 모셨어. 그 여섯 개의 알 중에 가장
먼저 껍질을 깨고 나온 사람이 바로 나, 김수로야.

가야, 철의 왕국

이후 나와 다섯 동생들은 왕이 되어 여섯 개의 연맹 왕국으

로 이루어진 가야를 이끌었어. 나는 6가야 중 금관가야를 다스리며 연맹의 우두머리 역할을 했고, 다섯 동생들도 각각 나머지 다섯 개의 가야를 나눠 맡았지. 나는 왕이 되자 바로 관직을 정비하고 국가의 기틀을 마련했어. 또 가야를 '철의 나라'로 만들었지. 가야가 있던 김해는 철이 풍부하게 날 뿐만 아니라 바다와 가까이 있었거든. 나는 이러한 점을 살려 가야를 장차 세계적인 철강 국가로 만들겠다고 결심했지. 지금도 대부분의 사람이 우리 가야 하면 먼저 철기 문명을 떠올릴 정도야. 가야에서 생산된 우수한 철기들은 일본, 중국은 물론 인도에까지 수출되었어.

나의 결혼 스토리도 특별하지. 지금의 인도 지역에 있던 아유타국 공주인 허황옥을 왕비로 삼았으니 말이야. 그녀를 처음 봤을 때 가슴이 얼마나 쿵덕쿵덕 뛰었는지 몰라. 황금처럼 빛나는 아름다운 그녀가 하늘의 명령에 순종해서 나를 만나러 2만 5천 리 바다를 건너왔다니! 그녀의 이야기를 듣고 크게 감동했지 뭐야. 우리는 무려 157년간 변함없는 금슬을 자랑하며 행복하게 살았어.

꼬리에 꼬리를 무는 인물

왕 | 박혁거세

알에서 태어난 전설을 가지고 있는 사람은 또 있어. 바로 신라의 시조 박혁거세야. 지금의 경주에는 나정이라는 우물이 있었는데, 그 지역 여섯 마을의 우두머리들이 나정에 흰말이 엎드려 절하고 있는 모습을 보았대. 흰말은 사람들을 보자 길게 울고는 하늘로 올라갔고, 그곳에는 자줏빛 알이 남아 있었대. 그 알에서 나온 아이가 박혁거세였던 거지.

한자 한자 익히는 漢字

■ 歌가 들어가는 한자어를 알아보아요.

		노래 부르는 것을 직업으로 삼은 사람.
歌 노래 가	手 손 수	

		널리 대중이 즐겨 부르는 노래.
歌 노래 가	謠 노래 요	

			나라를 사랑하는 뜻으로 부르는 우리나라 국가.
愛 사랑 애	國 나라 국	歌 노래 가	

고구려 | 왕

소수림왕

#천하의_고구려도_헬고구려_시절이
#나처럼_해_봐요_국가_개혁
#복수_혈전_완벽한_승리
#내_조카_광개토_대왕_성공의_
 밑거름
#땅_사랑_나라_사랑
#소수림_공원_묘원

太	學
클 태	배울 학

고구려 소수림왕 때
설립된 교육 기관.

고구려, 바람 앞에 등불 신세

고대 동북아시아의 절대 강자 고구려에도 흑역사 시절이 있었어. 우리 아버지 고국원왕 때였어. 중국의 전연이라는 나라가 쳐들어와 수도인 국내성을 함락시켜 버렸지. 그때 우리 할머니를 비롯해 무려 5만 여 백성들이 굴비처럼 엮여 포로로 끌려갔어. 게다가 전연은 우리 할아버지 미천왕의 무덤까지 파헤쳐 시체까지 빼앗아 갔지. 태자였던 나도 인질로 잡혀 있다가 전연이 망한 후에야 다시 고구려로 돌아왔어. 그런데 이번엔 백제의 근초고왕이 쳐들어온 거야. 이때 아버지께서는 급히 갑옷을 들쳐 입으시더니 직접 전투를 지휘하러 나가셨어. 그러나 아버지께서는 애석하게도 용감히 싸우시다가 화살을 맞고 돌아가셨지.

비긴 어게인 고구려

최고 지도자가 갑작스럽게 돌아가시자 초비상이 걸렸어. 나는 전쟁 중에 급작스럽게 왕위에 올라야 했어. 그때 우리 고구려는 앰뷸런스에 실려 온 응급 환자 같았지. 국가의 근본부터 바로잡는 대수술이 필요했어. 먼저 전진이라는 나라의 승려 순도를 통해 불교를 받아들였지. 고등 종교로 백성들의 정신과 사상을 하나로 모으려는 시도였어. 그리고 그해 우리 역사 최초의 교육 기관인 **태학**(太學)을 설립해 국가를 이끌어 갈 엘리트들을 길러 냈어. 이듬해엔 율령을 반포했는데 율(律)은 형벌, 령(令)은 행정에 필요한 규칙을 말해. 한마디로 새로운 국가 운영 시스템을 구축한 거라 볼 수 있지.

알쏭달쏭 고구려 왕 이름

치밀한 계획 속에서 초스피드로 진행한 개혁은 대성공이었어. 이에 자신감을 얻어 375년엔 백제를 공격해 수곡성을 함

락시켜 통쾌하게 아버지의 원수를 갚았더랬지. 불과 5년 전
만 해도 나라 자체가 사라지기 직전까지 몰렸던 고구려가 최
전성기였던 백제를 상대로 말이야! 377년에는 자존심이 상한
백제가 평양성을 공격했는데 고구려는 이것도 거뜬히 막아
냈어. 이렇듯 나라를 위해 눈코 뜰 새 없이 일하느라 나는 자
식을 낳고 기르는 기쁨도 누리지 못하고 세상을 떠났어.

　내 이름 '소수림(小獸林)'은 한자로 뜻을 풀어 보면 '작은
동물들이 사는 숲'이라는 뜻이야. 할아버지 미천(美川)왕은
'아름다운 시냇가', 아버지 고국원(故國原)왕은 '고국의 들판'
이라는 뜻이지. 이름이 왜 이런지 궁금하지? 이건 모두 왕이
죽고 나서 묻혔던 장소를 나중에 이름으로 붙였기 때문에 그
래. 재밌는 이름 짓기 방법이지?

■ 太가 들어가는 한자어를 알아보아요.

太 클 태	古 옛 고		아주 오랜 옛날.
太 클 태	平 평평할 평		나라가 안정되어 아무 걱정 없고 평안함.
太 클 태	陽 볕 양	系 맬 계	태양과 태양을 중심으로 도는 행성과 위성의 집합.

고구려 | 왕

광개토 대왕

#십_대_세계를_품는_시간
#만주_벌판_고구려_달린다
#공격력_만렙_초절정_강대국
#슈퍼_그레잇_고구려

領	土
거느릴 령(영)	흙 토

한 나라의 통치권이 미치는 지역.

어리다고 무시하지 말아요

큰아버지 소수림왕께서 자식도 없이 돌아가시자 아버지 고국양왕이 왕위를 물려받으셨어. 나는 할아버지 고국원왕께서 백제와 벌인 전투에서 장렬히 전사하셨다는 이야기를 아버지로부터 자주 들었었어. 그 이야기를 할 때면 아버지 두 주먹의 핏줄은 큰 뱀처럼 꿈틀거렸고 입술 언저리는 부르르 떨렸지. 내 가슴 속에서도 울컥 뜨거운 것이 올라오곤 했어. 난 13세에 태자가 되었고 18세에 대고구려의 통치자가 되었어. 왕이 되면서 다짐한 것은 단 하나, 고구려를 다른 나라가 감히 넘보지 못하는 강력한 나라로 만들겠다는 것이었어. 그래서 백성들과 영원히 즐거움을 함께 누리고 싶은 마음을 담아 연호를 영락(永樂)이라 붙였어.

할아버지의 원한을 풀어 드리겠어!

즉위하자마자, 4만 군대를 이끌고 백제 관미성을 공격할 채비를 서둘렀어. 많은 신하들이 데뷔전 상대가 너무 강력하다며 극구 말렸어. 아무리 왕이었어도 내 나이 겨우 18세. 전투를 총지휘해 본 적이 없고 아직 얼굴에 여드름 자국이 채 가시지도 않았던 청년이었으니 말이야. 더구나 관미성은 사면이 깎아지른 듯한 절벽으로 바다에 둘러싸인 난공불락의 요새로 유명했었거든.

하지만 할아버지의 원한을 풀어 드리고 세상에 고구려의 위엄을 떨쳐 보이는 첫 이벤트로 이만한 것도 없었어. 나는 백두산의 풍부한 나무를 압록강과 황해를 통해 실어 와 고성능 전함을 만들었어. 그리고는 육군과 해군의 연합 작전을 펴서 다양한 경로로 백제를 공격했지. 결국 우리 군대는 관미성을 무너뜨리고 덤으로 다른 10여 개 성까지 빼앗는 기염을 내뿜었어. 나의 계획이 불가능하다고 떠들어 대던 사람들의 코를 납작하게 만들었지.

이제 만주는 우리 땅이야

우리 군대는 여세를 몰아 거란으로 쳐들어가 1만 명의 고구려 포로들을 구출했어. 396년엔 백제에 다시 쳐들어가 아신왕의 항복을 받아 내고 한강을 손에 넣었어. 또 신라가 백제와 절친 관계였던 왜의 침입을 받고 고구려에게 SOS 신호를 보내 왔길래 5만 군대를 보내 박살을 내 버렸지. 그뿐 아니라 중국 연나라의 두 성도 함락시켰고 동부여도 정벌하였어. 나는 총 열두 차례의 원정에서 일곱 차례나 직접 참전을 하여 모두 승리를 거두었고, 64개의 성, 1,400여 개의 촌락을 정복했어. 이런 활발한 정복 활동을 통해 드넓은 만주 대륙 전역이 우리 고구려의 **영토**(領土)가 되었지.

꼬리에 꼬리를 무는 인물

왕 | 장수왕

나를 이어 왕이 된 아들은 강렬했지만 짧은 인생을 살았던 나의 한을 풀어 주었어. 요즘 같이 의학이 발달한 시대에도 보기 드문 나이인 98세까지 살았으니 말이야. 그 시대에도 정말 어마어마한 장수 기록이라 이름도 장수왕이 되었지. 내가 북쪽 땅을 집중해 정복했다면 아들은 남쪽을 보완했어. 그래서 우리 부자가 다스릴 때 고구려가 우리 민족 역사상 가장 넓은 영토를 가졌었지.

한 자 한 자 익히는 漢字

■ 土가 들어가는 한자어를 알아보아요.

土 땅 토	地 땅 지		사람들이 생활과 활동에 이용하는 땅.
風 바람 풍	土 흙 토	病 병 병	어떤 지역의 특수한 기후나 토질로 인하여 발생하는 병.

土 흙 토	木 나무 목	工 장인 공	事 일 사	땅과 하천을 고쳐 만드는 공사.

고구려 | 음악인

왕산악

#나랏_음악이_중국과_달라
#한_줄을_버려야_우리_음이_산다
#신의_한_수_대나무_술대_내_
　손가락은_소중하니까
#세상에_이런_일이_검은_두루미_
　집단_군무_편
#산악_국가_음악의_왕_왕산악
#선비라면_거문고지

絃	樂	器
줄 현	음악 악	그릇 기

줄을 타거나 켜서 소리를 내는 악기.

이 악기는 무엇인고

중국 진나라로부터 일곱 개의 줄이 달린 악기인 칠현금(七絃琴)이 고구려에 들어왔어. 모두가 난생 처음 보는 악기라 고구려에는 그것을 연주할 수 있는 사람이 없었지. 양원왕은 상을 걸고 연주가 가능한 자를 찾았지만 아무도 나타나지 않았어. 그때 제이상이란 관직에 있던 내가 평소 음악 애호가였던 터라 그것을 열심히 연구하기 시작했지. 정말 말 그대로 피나는 노력이었어. 일곱 줄을 손가락으로 퉁기니 얼마나 아픈지 나중엔 피까지 났다니까. 그런데 칠현금은 소리에 중국의 색이 짙어서 우리 고구려인들의 늠름한 기상을 살리기 어렵다는 생각이 들었어. 그래서 일단 줄을 하나 줄여 여섯 개로 만들었어. 그리고 손으로 퉁기는 대신 대나무 막대기로 연주하는 악기로 업그레이드시켰지. 완성한 후 처음 소리를 들었을 때의 감격은 잊을 수 없어. 칠현금과는 확연히 다른, 우리 고구려의 정서처럼 중후하면서도 소박하고 오묘하면서도 깊은 가락이 마음을 울렸던 거야. 이건 격이 다른 새로운 악기였어.

거문고가 '거문고'가 된 썰

나는 악기를 만드는 것뿐 아니라 이 악기로 연주할 수 있는 곡을 무려 100여 개 작곡하기도 했어. 한번은 내가 만든 악기와 악보를 들고 산으로 올라가 연주를 했지. 한창 연주에 몰입하다가 고개를 들었는데 깜짝 놀랐지 뭐야. 검은 두루미들이 리듬에 맞춰 춤을 추더라고. 이것을 보고 사람들은 검은 두루미가 내려와 춤춘 **현악기**(絃樂器)라는 뜻으로 현학금(玄鶴琴)이라 불렀고 이후 줄여 현금이 되었어. 그러다 '검은'이 '거문'이 되고, 거기에 현악기를 나타내는 우리말 '고'가 붙어 이 악기 이름이 '거문고'가 되었지.

시간이 지나도 명품은 그대로

이후 거문고는 백성들, 특히 선비들이 가장 사랑하는 악기가 되었어. 그들의 방에는 책과 함께 거문고가 항상 비치되었으니 말 다 했지 뭐. 거문고가 만들어진 지 최소 1600년이 흘렀지만 그동안 누구도 감히 거문고의 모양이나 기능을 바꾸지 못했어. 그랬기 때문에 달라진 것이 거의 없이 원형이 잘 보존되어 있지. 후세 사람들은 가야의 우륵, 조선의 박연과 더불어 나를 우리 민족 3대 음악의 성인으로 칭송해 주고 있어. 음악 전공자도 아닌 나를 이렇게 생각해 주니 개인적으로 영광스럽게 생각해.

꼬리에 꼬리를 무는 인물

음악인 | 백결

백결은 신라 사람으로 거문고 달인으로 알려진 음악인이야. 그는 가난해서 늘 누더기 옷을 입고 다녔다고 해. 옷을 백 번 기워 입었다는 뜻으로 백결(百結)이라고 불렸다지 뭐야. 그는 거문고를 무척 사랑해서 모든 희로애락을 거문고로 표현했다고 해. 청렴하고 결백한 삶을 추구해서 궁중의 후원을 거절하고 스스로 궁색한 생활을 즐겼대.

지금까지 이런 소리는 없었다.

내 이름이 달리 산악(山岳: 뫼산, 큰산 악)이겠어. 신곡 발표는 산상 연주회에서.

산악 곡가 고구려 음색이 동원에 달아 서로 사맛디 아니할새 ㅣㅣ

> ## 🖌️ 한 자 한 자 익히는 漢字

■ 樂이 들어가는 한자어를 알아보아요.

音 소리 음	樂 음악 악		목소리나 악기를 통하여 사상 또는 감정을 나타내는 예술.
樂 음악 악	聖 성인 성		성인(聖人)이라고 부를 정도로 뛰어난 음악가.
聲 소리 성	樂 음악 악	家 집 가	성악을 전문으로 연구한 음악가.

신라 | 왕

지증왕

#나이는_숫자에_불과해
#순장_문화는_묻고_인구는_
　더블로_가
#소는_원조_트랙터
#마지막_마립간_최초의_왕

新	羅
새로울 신	그물 라

삼국 시대에 있던 나라 중 하나.

내 나이가 어때서

　내가 왕이 되었을 때 나이가 몇 살이었게? 무려 환갑이 지난 64세였어. 아마 세계사 기네스북이란 게 있다면 최고령 즉위 분야 타이틀을 따지 않았을까 싶어. 하지만 그만큼 연륜이 있고 젊은 사람들보다 훨씬 지혜로웠다고 생각해. 그야말로 나이는 숫자에 불과할 뿐이니까. 의욕적으로 여러 가지 개혁을 실시하여 신라가 고대 국가가 되는 기틀을 마련한 게 바로 나거든. 후세 사람들이 나를 '신라의 카리스마'라고 부른다고 하더라고.

　왕이 되지마자 악습인 순장 제도부터 없애 버렸어. 순장은 신분이 높은 사람이 죽으면 그 사람 뒤를 따라 산 사람을 함께 묻던 매우 야만적인 풍습이야. 또한 신기술 농법인 우경(牛耕), 즉 소를 이용해 밭을 가는 법을 도입했지. 이것은 백성 수를 늘리고 농작물 생산량을 높이는 데 크게 기여했어. 그러자 군사력도 강화되고 백성들의 생활이 풍요로워졌지.

내가 신라의 왕이다

　'신라(新羅)'라는 이름은 사실 내가 왕이었을 때 지어진 이름이야. 신하들이 '왕의 덕은 날로 새로워지고 천하를 그물처럼 아우른다.'는 뜻인 '신라'를 이름으로 제안했고 나는 그것을 나라 이름으로 정했어. 그리고 국가 최고 지도자인 임금의 명칭도 '마립간'에서 세계적 트렌드였던 '왕(王)'으로 바꾸었지. 이건 단순히 이름만 바뀌는 차원이 아니었어. 우리나라가 중국이라는 큰 문명 세계와 활발히 교류하는, 국제 감각을 지닌 앞선 나라라는 이미지를 만드는 작업이기도 했지.

나 때 이미 독도는 우리 땅

거기서 끝나지 않았어. 중국의 지방 통치 시스템인 군현제를 받아들여서 행정 구역을 나누고 영토 늘리는 데에 힘을 쏟았어. 512년에는 이사부 장군을 시켜서 지금 울릉도에 있던 우산국을 정벌했는데, 이때 우산국에 딸린 섬인 독도도 신라의 땅이 되었어. 이때부터 그 누가 아무리 자기네 땅이라도 우겨도 독도는 우리 땅이 된 거야. 이런 나의 근거 있는 자신감과 개혁은 나중에 아들 법흥왕이 본격적으로 정치 제도 개선을 할 때 든든한 기반이 되어 주었어.

꼬리에 꼬리를 무는 인물

장군 | 이사부

신라가 우산국(지금의 울릉도)을 귀속시키려 했을 때, 그곳 주민들이 사나워 힘으로는 정복하기 힘들었다고 해. 이때 이사부의 아이디어가 빛을 발했지. 이사부는 사자 모양의 나무 인형을 만들어 배에 가득 싣고 항복하지 않으면 맹수를 풀어 밟아 죽이겠다고 우산국 사람들을 위협했어. 결국 겁에 질린 우산국 사람들이 항복했고 울릉도와 독도가 신라의 땅이 되었지.

순장 폐지, 우경법 도입, 신라&왕 명칭 사용,
군현제 실시, 우산국 정복 ... 이게 다가 아냄.

한여름에도 얼음을 먹기 위해 만든 게 뭔게?

빙고   석빙고

한 자 한 자 익히는 漢字

■ 新이 들어가는 한자어를 알아보아요.

新 새로울 신	聞 들을 문	새로운 사건이나 사실을 널리 전달하기 위해 만든 소식지.	
新 새로울 신	商 장사 상	品 물건 품	새로 개발한 상품.
新 새로울 신	世 인간 세	界 경계 계	새로운 세계.

백제 | 왕

무령왕

#대테러_작전은_초동_진압이_최고
#강한_나라는_강한_군사력으로
#외교의_장인
#무덤보다_통치력으로_인정받고_
　싶은_1인

王	陵
임금 왕	무덤 릉

왕의 무덤.

국가 비상사태를 수습하며 왕이 되다

"바… 바… 반란이옵니다!!!!!"

긴급 속보에 왕궁은 온통 난리 통 속으로 빠져들었어. 마른 하늘에 날벼락이라더니. 사냥 나가셨던 동성왕께서 싸늘한 주검으로 돌아오실 줄이야. 백가라는 자가 보낸 자객이 휘두른 칼에 맞으셨던 거야. 때는 501년, 이 비상사태에서 나는 왕이 되어 즉시 백가가 일으킨 반란을 빠르게 진압하였어. 당시 백제는 고구려에게 한강과 근처 땅을 빼앗긴 뒤라 나라의 힘이 크게 약해져 있었어. 게다가 흉년에 전염병까지 퍼지면서 백성들의 삶은 말이 아닌 싱태였지.

국방과 외교로 국가의 힘을 키우다

나는 즉위한 해에 5천 병사를 보내 고구려 수곡성을 쳤고, 이듬해에도 고구려 변경을 공격했어. 나중엔 고구려가 말갈족과 힘을 합쳐 우리 백제를 공격하기도 했거든? 그때도 난 그 공격을 잘 물리쳐 냈고, 그 후 고구려의 공격에도 직접 기마병 3천을 거느리고 나가 완전 제압해 버리며 명성을 떨쳤지.

그래도 고구려는 워낙 거친 나라라 늘 버거운 상대였어. 난 고구려를 견제하기 위해 중국 양나라와 일본 등 다른 나라와 교류하는 정책을 강화했어. 『삼국사기』는 나에 대해 이렇게 써 놓았더군.

"키가 8척이고, 눈썹이 그림과 같았으며 인자하고 너그러워서 민심이 그에게로 돌아갔다."

2m가 넘는 키에 짙은 눈썹을 가진 늠름한 비주얼에다 포용의 리더십을 발휘해 국가 위기를 수습했던 나를 칭송하는 말이지.

독특한 무덤으로 유명해지다

사람들이 나의 화려한 업적은 몰라도 내 무덤인 무령왕릉의 화려함은 알고 있을걸? 적극적으로 외교 활동을 펼친 덕에 내 무덤이 양나라, 백제, 일본의 기술이 융합된 독특한 모습을 하고 있거든.

무령왕릉에는 '영동대장군(寧東大將軍)'이란 기록이 있어. 이건 동쪽을 평안하게 만든 대장군이는 뜻이야. 군사 강국인 고구려, 말갈 등과의 전쟁에서 여러 차례 승리하여 국력을 키워 온 내 업적에 딱 어울리는 별명 아니니? 이름 '무령(武寧)'도 군사력으로 나라를 평안하게 만들었다는 뜻이야. 이제 내 이름을 보면 왕릉(王陵)만 떠올리지 말고 내 업적도 기억해 줬으면 해.

무령왕릉

충청남도 공주시 금성동의 송산에 있는 백제 제25대 무령왕과 왕비의 능이야. 터널형 벽돌무덤으로, 내부는 왕과 왕비를 합장하기 위한 전면에 널받침(관대)을 만들었어. 사진은 복원 후의 모습이야.

ⓒ한국학중앙연구원, 유남해

武 군사 무
寧 편안할 녕

무령왕릉은 삼국의 왕릉 중 누구 것인지 아는 유일한 능이랑능.

외교력과 군사력으로 백제의 영광을 되찾아 온 나.

세련되고 창의적이며 높은 공떼 기술의 아치형 벽돌 무덤 테크놀로지.

한 자 한 자 익히는 漢字

■ 王이 들어가는 한자어를 알아보아요.

王	子	임금의 아들.
임금 왕	아들 자	

王	座	임금이 앉는 자리 또는 임금의 지위.
임금 왕	자리 좌	

天	王	星	태양에서 일곱째로 가까운 행성.
하늘 천	임금 왕	별 성	

신라 | 순교자

이차돈

#참_힘들다_불교_공인
#해법은_오직_하나
#스물둘_나의_신선한_피
#민간_신앙의_중심지에_외래_
　종교의_사원_건설
#순교로_꽃피운_신라_불교_
　르네상스

殉	教
따라 죽을 순	가르칠 교

자기가 믿는 종교를 위해
목숨을 바침.

신라에 불교가 들어오기 힘들었던 이유

"목숨만큼 버리기 힘든 것이 또 있겠습니까? 하지만 제가 오늘 저녁에 죽어 내일 아침에 큰 가르침이 행해진다면, 이 땅에 불교의 세상이 환하게 밝아 오고 성스러운 왕은 영원히 평안을 누리실 것입니다. 나무아미타불."

이렇게 유언을 마치고 난 순순히 목을 내밀었어.

나는 법흥왕이 신라를 다스리던 시절 국가 공무원으로 일하고 있었어. 참고로 법흥왕으로 말할 것 같으면 왕위에서 물러난 후 왕비와 함께 승려가 될 정도로 독실했던 불교신자였어. 그런 그조차도 왕위에 오른 뒤 14년 동안이나 불교를 공식적인 종교로 삼지 못했어. 왜냐하면 귀족들의 반대가 이만저만한 게 아니었거든. 신라 귀족들은 하늘과 땅의 신, 조상신 등 민간 토속 신앙을 믿으며 자신들을 하늘의 자손이라고 생각했어. 토속 신앙을 통해 자신들도 왕처럼 선택받았다고 여겼던 거야. 그런데 불교를 받아들이면 왕이 강력한 힘을 갖게 되니 반대했던 거지. 그럴 만도 하지?

다가오는 순교의 날

법흥왕은 율령을 반포하고, 가야 정복으로 영토를 확장한 과감하고 개혁적인 왕이었어. 그럼에도 외국에서 들어온 종교를 공식적으로 인정한다는 것은 매우 힘든 일이었지. 반전을 불러일으킬 강력한 뭔가가 필요했어. 나는 깊은 고민 끝에 왕에게 나를 순교(殉敎)의 제물로 삼아 달라고 요청했어.

그때 내가 기획한 것이 '천경림에 절 짓기 프로젝트'였어. 천경림은 민간 토속 신앙을 따르는 사람들이 신령이 깃든 숲이라며 신성하게 여기고 있던 곳이었지. 그 울창한 숲의 나무를 베어 내고 돌들을 옮겨서 흥륜사라는 절의 건축 재료로 써버렸어. 목적이 다분한 도발에 권력을 가진 귀족들이 길길이

날뛴 것은 당연한 일이었어. 이 기획을 총지휘한 나는 결국 사형 선고를 받게 되었지.

놀라운 일, 놀라운 변화

불교가 신라에서 종교로 인정받기 위해 스스로 목숨을 버렸던 그때, 내 나이 스물둘이었어. 왕의 명령에 따라 내 목이 잘리자 놀라운 일들이 일어났어. 내 머리는 높이 날아가 경주 북쪽 소금강산 꼭대기에 떨어졌고 목에서는 흰 젖이 수십 길로 치솟은 거야. 그리고 하늘에서는 꽃들이 비처럼 떨어져 내리고 사방이 어두컴컴해지며 땅이 흔들리는 장엄한 광경이 펼쳐졌지. 왕과 백성들은 눈물을 흘렸고 귀족들은 식은땀을 흘렸어. 이 기적이 일어난 다음에야 사람들은 불교를 받아들이게 되었어. 고구려, 백제에 이어 신라가 가장 늦게 불교를 공인하였지. 하지만 신라는 훗날 삼국 중 가장 화려한 불교문화의 꽃을 피웠어.

윤회

흥륜사의 '륜'은 불교에서 중요하게 믿는 '윤회'라는 용어에서 따온 것이야. 윤회는 수레바퀴가 끊임없이 구르는 것과 같이 우리의 생은 죽고 다시 살고 죽고 다시 살고를 반복한다는 뜻이지.

한 자 한 자 익히는 漢字

■ 教가 들어가는 한자어를 알아보아요.

教 가르칠 교	室 집 실	학교에서 학습이 이루어지는 방.
教 가르칠 교	育 기를 육	지식과 기술 따위를 가르치며 인격을 길러 줌.
宗 마루 종	教 가르칠 교	신이나 초자연적인 힘에 대한 믿음을 가지고 삶의 궁극적인 의미를 추구하는 문화 체계.

선덕 여왕

"역사상 첫 여성 국가 지도자가 되다."

#딸_바보_우리_아빠_진평왕 #볼품없는_골품_제도_품격_높은_여성_리더십
#정치는_덕만_스타일 #분황사_황룡사_첨성대_불교_건축미_삼대장

신라에만 여왕이 탄생할 수 있었던 이유

우리나라 역사상 여왕이 있었던 나라는 신라뿐이었어. 그 이유는 바로 신라의 신분 제도인 골품제 때문이었지. 신라는 뼈대를 매우 중시하는 나라였거든. 골품제에서 부모가 모두 왕족인 성골만이 왕이 될 수 있다고 정해 놓았을 정도로 말이야. 그러던 중 신라 제26대 진평왕이 아들을 낳지 못하고 죽자 신라는 큰 혼란에 빠졌지. 아무리 성골 남자를 찾아도 그런 사람이 없었던 거야. 결국 신라는 골품제의 전통을 지키기 위해 진평왕의 맏딸인 나를 신라 제27대 왕으로 즉위시켰어. 이것이 우리 역사상 최초로 여왕이 탄생할 수 있었던 비하인드 스토리야.

즉위 초기 나는 나라 안팎으로 많은 어려움을 겪었어. 특히 백제는 신라가 약속을 깨고 한강 유역을 차지한 것에 복수하려고 신라를 공격했지. 또 신하 비담이 난을 일으키기도 했어. 비담은 신라의 최고 관직인 상대등 자리에 있었는데 나에게 불만을 품고 반란을 일으켰지. 하지만 김유신 장군이 이끄는 군대에 의해 진압되었어.

불심으로 대동단결

나는 여성이라는 한계에도 불구하고 신라를 지혜롭게 발전시킨 왕으로 평가받고 있어. 특히 나라의 어려움을 극복하고 백성의 마음을 하나로 모으기 위해 불교의 힘을 빌렸지. 그래서 분황사 석탑과 황룡사 구층 목탑을 세웠어. 우리 가족 이름만 봐도 짙은 불교 색채를 느낄 수 있어. 아버지 진평왕의 성함은 백정, 어머니의 성함은 마야 부인이신데 이는 석가모니 아버지, 어머니 이름과 똑같거든. 또 내 어릴 때 이름인 덕만은 중생을 교화하기 위해 일부러 여자로 태어났다는 보살 덕만우바이의 준말이야.

아들로 태어났으면 석가모니가 될 뻔.

선덕(善德)은 불교에서 도리천을 다스리는 '선덕바라문'에서 따온 이름.

신라 | 왕

진흥왕

#신라의_리즈_시절은_나_때부터
#한강_유역_쟁탈전에_수단과_
 방법이_따로_있나
#대가야_완전_정복
#천자만_순수하냐_나도_순수한다

巡	狩	碑
돌 순	사냥할 수	비석 비

왕이 나라를 두루 돌아다니며
살핀 기념으로 세운 비석.

시작되는 신라 전성기

원래 우리 신라는 북쪽 대국인 고구려와 해양 강국인 백제 사이에 끼어 기를 펴지 못하는 나라였어. 그러다 22대 지증왕 때 제대로 된 국가 체제를 갖추기 시작하여 23대 법흥왕, 그리고 24대인 나 진흥왕까지 3대를 거치면서 전성기를 누리기 시작했지.

한강 일대는 내가 접수한다

나는 왕이 되고 바로 정복 활동을 시작했어. 처음엔 백제와 동맹을 맺어 고구려가 자지했던 지역을 장악했어. 2년 후에는 반대로 고구려와 연합해 한강 전 지역을 점령해 버렸지. 백제가 고구려로부터 빼앗았던 한강 하류 지역을 확보하기 위해서였어. 백제 입장에서는 뒤통수를 세게 맞은 셈이지만 신라의 성장을 위해서는 어쩔 수 없는 선택이었단다.

이렇게 동맹 관계를 깨는 무리수를 둬 가며 한강 하류 지역 확보에 집착했던 것에는 다 이유가 있었어. 우리 신라가 그동안 약소국에서 벗어나지 못하고 있었던 가장 큰 이유가 뭐였는지 아니? 바로 고구려와 백제에 가로막혀 중국 대륙과 직접 교류하기가 어렵다는 것이었어. 나의 큰 그림은 서해를 통해 대륙과 교류하며 동북아시아를 호령하는 강대국이 되는 것이었어. 그러기 위해서는 서해로 흘러 들어가는 한강 하류 땅이 꼭 필요했지.

한반도 리그 최약체 신라를 최강으로

영토 확장은 계속되었어. 위로는 함흥, 아래로는 낙동강 유역까지 진출하고 가야까지 완전히 복속시켰지. 이로써 신라 역사상 가장 넓은 영토를 차지하게 되었어. 나는 새로 점령하는 곳에 기념 비석인 **순수비**(巡狩碑)를 세웠지. 창녕 순수비는 경상남도, 북한산 순수비는 서울, 황초령과 마운령 순수비는 함경도에 있으니 당시 내 정복 스케일이 어느 정도였는지 다들 짐작할 수 있을 거야.

그뿐만 아니라 553년에는 신라 제일의 절을 짓고, 황제의 '황(皇)'자를 써서 황룡사라고 이름 붙였어. 576년에는 신라만의 고유한 사상과 정신으로 인재를 키우기 위해 화랑이라는 교육 제도도 만들었지.

꼬리에 꼬리를 무는 인물

왕 | 법흥왕

법흥왕은 이름에 '법'이 들어갈 정도로 나라를 체계적으로 다스리기 위한 법들을 많이 만드셨어. 그래서 신라에 율령을 반포하고 불교를 나라의 종교로 정하며 나라의 틀을 세우셨지. 율령이 먼저는 3주 고구려 소수림왕의 설명을 다시 읽어 보도록 해!

심신 수련과 참 군인 양성을 위한 청소년 엘리트 집단.

우리는 화랑(花郞: 꽃 화, 사내 랑). 신라의 꽃미남 아이돌.

한 자 한 자 익히는 漢字

■巡이 들어가는 한자어를 알아보아요.

巡 돌 순	察 살필 찰			여러 곳을 돌아다니며 살핌.
巡 돌 순	禮 예도 례	者 놈 자		종교적인 의미가 있는 곳을 찾아다니며 방문하는 사람.
巡 돌 순	廻 돌 회	公 공평할 공	演 펼 연	여러 곳을 돌아다니면서 하는 공연.

고구려 | 장군

을지문덕

#고구려_공격은_미친_짓이다
#드루와_드루와_백만_대군
#인해_전술의_취약점을_파고들다
#살수에서_살_수_없게_해_주마

大	捷
클 대	이길 첩

전투나 경기에서 크게 이김.

수나라 백만 대군, 올 테면 와라

589년 수나라가 중국을 통일하고 거대 제국이 되었어. 서로 국경을 맞대고 있던 우리 고구려와 수나라 사이에는 팽팽한 긴장감이 흘렀지. 다른 나라들은 수나라에 겁을 먹고 굴복하거나 비위를 맞추려 노력했어. 하지만 고구려는 오히려 요서 지방을 먼저 공격했지. 이에 화가 난 수나라의 30만 군사가 고구려에 쳐들어왔다가 보기 좋게 대패하고 돌아갔어.

이후에 고구려가 백제와 신라를 공격하자 신라 진평왕이 수나라에게 도움을 청하며 군사를 보내 달라고 했던 모양이야. 그래서 또 수나라가 대대적으로 고구려에 쳐들어왔지. 그 규모가 당시로서는 상상을 초월하는 수준이었어. 최신 무기들로 무장한 113만 대군이 쳐들어왔거든. 군대가 출발하는 데만 40일이 걸렸고 군대 행렬이 1,000리 가까이 된다는 소식이 들려올 정도였어. 고대 전쟁사에 유례가 없는 대규모 공격이었지.

시간은 우리 편, 장기전으로 승부한다

이길 확률이 1도 없을 것 같아 보였지만 당시 전투를 총지휘한 내 생각은 달랐어. 대규모 병력은 민첩하게 움직이기 힘들고, 식량과 같은 물자를 제때 공급받기 어려울 것이라고 판단했기 때문이었지. 게다가 시기가 여름이었으니 적군은 추위가 닥치기 전에 전쟁을 끝내고 싶어 서두를 것이 분명했어. 그래서 나는 그들이 제풀에 지치기를 기다리는 장기전을 펼쳤지. 아니나 다를까. 수나라 군대가 접경 지역인 요동성 공격에 계속 실패하자 특수 정예 부대인 별동대를 구성해서 수도 평양성을 공격하려 했어. 전면전을 포기하고 속도전을 선택한 거지. 하지만 그러면 뭐하겠어. 별동대 대원들은 100일 치 식량을 각자 지고 이동하는 바람에 싸우기도 전에 지칠 대로 지쳐 버리고 말았어.

고구려 장수에게 무너진 거대 제국

나는 은근슬쩍 거짓으로 패해 달아나는 작전으로 별동대를 평양성 앞 30리까지 유인했어. 이때 내가 수나라 대장 우중문에게 시를 지어 보냈는데 이게 유명해져서 지금은 학교에서도 배운다지? 그 시가 「여수장우중문시」란다.

아무튼 수나라 군대에게는 굶주림과 피로 그리고 가을 추위까지 불리한 상황이 계속되었어. 결국 적군은 평양성을 눈앞에 두고 퇴각했지. 나는 용맹한 고구려군을 이끌고 동서남북에서 그들을 공격했어. 그리고 살수라는 강으로 몰아가서 수나라 군대를 전멸시켜 버렸지. 살아 돌아간 수나라 군사가 겨우 2,700명 정도였다고 하니 엄청나지? 이것이 바로 우리 역사에 길이 빛나는 살수 **대첩**(大捷)이야.

> **인물의 결정적 한마디**
>
> 66
>
> 그대의 신기한 책략은 하늘의 이치를 다했고
>
> 오묘한 계획은 땅의 이치를 다 했노라.
>
> 전쟁에 이겨서 그 공이 이미 높으니
>
> 만족함을 알고 그만두기를 바라노라.
>
> -「여수장우중문시」
>
> 99

한 자 한 자 익히는 漢字

■ 大가 들어가는 한자어를 알아보아요.

大 클 대	敗 패할 패			싸움에서 크게 짐.
大 클 대	西 서녘 서	洋 큰 바다 양		유럽·아프리카 대륙과 남·북 아메리카 대륙을 분리하는 대양.
大 클 대	韓 나라 한	民 백성 민	國 나라 국	아시아 대륙의 동쪽 끝 한반도에 있는 나라.

고구려 | 장군

연개소문

#나라를_위해_칼을_겨누다
#권력은_내_품_안에
#수나라나_당나라나_똑같은_
　도둑놈들
#무릎_꿇고_사느니_서서_죽겠다
#폭망_자식_농사

權	力
권세 권	힘 력

남을 복종시키거나 지배할 수 있는
공인된 권리와 힘.

막리지에서 대막리지로

　내가 태어났을 때, 아버지 연태조께서는 고구려 최고 관직인 막리지셨어. 아버지께서 돌아가시고 나는 막리지 자리를 이어받았지. 내 이름은 원래 '개금(盖金)'으로 금으로 덮을 만큼 귀한 인물이란 뜻이야. '개소문'이라고 불리는 것은 '금'의 고구려식 발음이 '소문'이었기 때문이야.

　내가 외적의 침략에 맞서 천리장성을 쌓는 책임을 맡아 밤낮없이 일하고 있었을 때 어이없는 일이 있었어. 고구려 왕 영류왕이 갑자기 더 이상 성을 쌓지 말라고 지시한 거야. 이건 명백히 나를 향한 선제요, 나의 지지 세력을 제거하려는 의도라고 여겼어. 나는 더 이상 참지 못하고 쿠데타를 일으켜 왕과 그에 동조하던 신하 100여 명을 모조리 죽여 버렸지. 그리고 영류왕 대신 그의 조카인 보장왕을 왕으로 세웠어. 나는 국가 **권력**(權力)을 장악하고 나의 위엄에 걸맞도록 막리지에 대(大)를 더해 대막리지가 되었지.

당나라 앞에서도 당당한 나라

　나는 당나라에 대해 강경한 정책을 펴며 조금도 굴복하지 않았어. 645년에는 당 태종이 가소롭게도 스스로 군사를 이끌고 쳐들어왔었지. 그러나 그는 국경 근처의 작은 성에 불과했던 안시성조차 공략하지 못하고 대패를 거듭한 뒤 물러갔어.

　당 태종은 이때 입은 부상으로 죽었고 그의 뒤를 이은 아들 고종도 수차례 고구려를 침략해 왔지. 660년엔 당나라가 신라와 손을 잡고 백제를 멸망시키고, 여세를 몰아 고구려에도 쳐들어왔어. 이때도 나는 군사를 이끌고 당나라 군대를 전멸시켰지. 다시금 위대한 고구려의 위용을 과시했달까.

나라를 망친 아들놈들

내가 말년에 권력을 아들에게 물려줬던 것은 천추의 한으로 남아 있어. 그것은 잘못된 선택이었어. 사내대장부답게 살라고 남(男)자를 돌림자로 쓴 첫째 남생, 둘째 남건, 셋째 남산이 내분을 일으키고 권력 다툼을 벌였지 뭐야. 결국 남생이 당나라에 고구려의 여러 성을 바치고 항복했어. 그것도 모자라 원수 당나라의 장군이 되어 아비가 목숨 걸고 지켜 온 고구려를 공격했지. 내가 죽고 얼마 안 지난 668년, 고구려는 그간 상대도 안 되던 신라와 당나라의 연합군에 의해 평양성을 함락당했어. 그렇게 700년 고구려 역사가 치욕스럽게 끝나버렸지. 이것만 생각하면 지금도 치가 떨리네 아주.

한 자 한 자 익히는 漢字

■ 力이 들어가는 한자어를 알아보아요.

力 힘 력(역)	道 길 도		무거운 역기를 들어 올려 그 중량을 겨루는 경기.
重 무거울 중	力 힘 력		지구 위의 물체가 지구로부터 받는 힘.
持 가질 지	久 오랠 구	力 힘 력	어떤 일을 오래 해낼 수 있는 힘.

백제 | 왕

의자왕

#의자는_내_본명_증자는_내_별명
#최악의_선택_현실_도피용_사치와_
 향락
#귀에_거슬려도_충신의_충언은_
 충분히_들어야
#사비성엔_삼천_궁녀_수용_불가

降	伏
항복할 항	엎드릴 복

전쟁이나 경기에서 힘에 눌려
상대에게 굴복함.

백제를 유교의 힘으로 강하게

우리 아버지는 신라 선화 공주와 세기의 로맨스로 유명한 무왕이셔. 나는 어릴 때부터 효성이 지극하고 형제간 우애가 깊어 '해동증자'란 닉네임으로 불렸어. 해동(海東)은 바다 건너 동쪽에 있는 나라, 즉 우리 백제를 가리키고, 증자는 공자의 제자로 효도의 아이콘이었거든.

아버지의 뒤를 이어 나는 백제의 31대 왕이 되었어. 나는 유교를 나라의 통치 이념으로 삼아 나라와 왕의 힘을 강화해 나갔어. 내 이름을 개그 소재로 자주 다루지만 사실은 앉는 의자가 아니라 의롭고 자비로운 사람이란 뜻이야.

전쟁으로 백제의 위상을 드높였던 즉위 초기

642년 7월에는 몸소 군사를 이끌고 신라로 쳐들어가 40여 개 성을 빼앗았어. 그해 8월에는 윤충 장군에게 1만 군사를 주어 신라의 군사적 요충지였던 대야성을 공격해서 함락시켰지. 그 후 연이은 고구려의 공격에 혼난 당나라는 고구려를 지원하고 있던 우리를 제거할 목적으로 신라에 협력하라고 강요해 왔어. 하지만 나는 고구려, 말갈과 함께 신라를 공격해 30여 개 성을 빼앗는 등 친고구려 정책을 고수하며 당나라의 통첩을 무시해 버렸지. 반면 신라는 김춘추를 앞세워 친당나라 정책을 폈어.

사치와 향락으로 백제를 추락시킨 즉위 말기

백제가 망하기 불과 5년 전만 해도 나는 적극적으로 정복 사업을 벌였었어. 하지만 잦은 전쟁으로 나라가 힘이 빠진 데다 개혁 군주이던 나도 점점 지쳐서 초심을 잃어 갔지. 그러다 현실을 잊어 버리고 점점 사치와 향락에 물들어 갔어. 몸과 정신이 망가져 가는 것은 당연한 결과였지. 한때 해동증자로 불렸던 나였는데 말이야. 충신이었던 성충이 직언했다고 옥에 가둬 버리는 등 선을 넘는 실수를 한 게 한두 번이 아니었지.

결국 백제는 660년 당나라 소정방과 신라 김유신이 이끄는 나당 연합군을 감당하지 못하고 멸망했어. 700년 가까이 해상 강국으로 위용을 떨치던 백제의 찬란했던 역사도 그렇게 막을 내렸지. 후회하면 뭐하겠냐만, 모든 건 결국 왕이었던 내 잘못이야. 굴욕적인 **항복**(降伏) 후 나는 태자와 왕자들을 비롯한 많은 백성들과 함께 당나라로 끌려갔어. 그리고 곧 몸과 마음에 병을 얻어 세상을 떠났지. 나라를 망하게 만든 왕이라 내겐 죽은 후 붙여 주는 이름인 시호조차 붙여 주지 않았어. '의자'는 본명이야.

그런데 내가 삼천 명의 궁녀를 거느렸다는 소문은 명백한 가짜 뉴스야. 당시 백제의 수도인 사비성의 인구가 5만 정도였는데, 크지도 않은 궁에서 어떻게 그 많은 궁녀가 살았겠어? 그 누명만은 벗고 싶어.

꼬리에 꼬리를 무는 인물

장군 | 김유신

김유신은 신라의 삼국 통일에 큰 역할을 한 장군이야. 많은 전투에서 공을 세우며 명성을 떨친 그였지만 신분의 한계는 피해갈 수 없었어. 그는 멸망한 가야의 후손이었거든. 그래서 그는 자신의 여동생과 신라 왕족인 김춘추를 결혼시키기 위한 작전을 펼쳤어. 김춘추를 집으로 불러 일부러 옷고름이 떨어지게 한 후 여동생에게 이를 꿰매게 해서 두 남녀가 눈이 맞게 한 거지. 그렇게 둘은 결혼했고 나중에 김춘추가 왕이 되면서 김유신은 왕의 가족이 될 수 있었어.

한 자 한 자 익히는 漢字

■ 伏이 들어가는 한자어를 알아보아요.

伏 엎드릴 복	兵 군사 병			적을 기습하기 위하여 적이 지날 만한 길목에 군사를 숨김.
三 석 삼	伏 엎드릴 복			초복, 중복, 말복의 세 복. 여름의 몹시 더운 기간.
哀 슬플 애	乞 빌 걸	伏 엎드릴 복	乞 빌 걸	애처롭게 하소연하면서 빌고 또 빎.

백제 | 장군

흑치상지

#검은_이빨의_비밀
#금동_대향로에_새겨진_해양_
　강국의_증거
#부활하라_백제여
#백제_부흥군_지휘관에서_당나라_
　장군으로
#태세_전환_성공과_실패_사이

復	興
다시 부	일어날 흥

쇠퇴했던 것이 다시 일어남.

흑치 성씨의 유래

　우리 백제는 해양 강국이었어. 서해와 남해로 이어지는 해안은 해상 활동에 매우 유리한 조건이었지. 게다가 뛰어난 조선술과 항해술을 가지고 있었어. 때문에 중국과 일본은 물론 아시아 여러 나라와도 활발하게 교류할 수 있었지. 백제 금동 대향로를 본 적 있니? 금속 공예 기술의 끝판왕으로 불리는 그것을 자세히 보면 한반도에는 살지 않던 사자, 코끼리, 악어, 원숭이, 낙타 등이 조각되어 있어. 이로써 백제가 얼마나 넓게 바다를 누비며 활동했는지를 짐작할 수 있지.

　우리 집안은 백제 왕실의 후손인 부여 씨였는데, 이를 검게 물들이는 풍속이 있던 어느 지역을 하사받았어. 아마 지금의 일본이나 필리핀 어디였을 거야. 그때부터 검은 이라는 뜻의 '흑치(黑齒)'라는 성을 쓰게 되었어. 그리고 요즘의 국방부 차관급 고위직인 달솔을 대대로 맡았어. 나는 할아버지와 아버지에 이어 스무 살의 나이로 달솔이 되었지.

백제 부흥 운동의 선봉에 서다

　그러나 시대가 나의 발목을 잡더군. 660년 나당 연합군에게 수도인 사비성이 함락되고 의자왕이 항복하는 바람에 백제가 망한 거야. 나는 부하 장수들과 함께 임존성에 들어가 백제 **부흥**(復興) 운동을 일으켰어. 한때 군사가 3만여 명으로 늘어나고 200여 성을 되찾는 등 기세를 떨쳤지. 하지만 운동에 참여하던 사람들 사이에서 내부 분열이 일어난 데다 백강 해전에서 당나라에 크게 패하고 말았어. 이제 더 이상 백제는 다시 살아날 희망이 보이지 않았어.

당나라 장군으로 인생 역전

　나를 백제에서 가장 뛰어난 장군으로 지목한 당나라 고종은 사신을 보내 내게 항복을 권유해 왔어. 나는 오랜 고뇌 끝에 투항하고 당나라 장수가 되었어. 그 후 당나라군의 선봉에 서서 마지막 보루였던 임존성을 빼앗았어. 한때 백제 부흥군과 함께 지켰던 임존성을 내 손으로 직접 함락시키다니. 내 인생도 참 아이러니하지. 그 결과 나는 당나라 7대 장수 중 하나로 손꼽히며 승승장구하였어. 하지만 망한 나라에서 귀화한 주제에 황제의 총애를 받는다며 따돌림 당하기도 했어. 초고속 성공 신화를 질투하던 무리들이 내가 반역을 꾀한다며 모함하는 바람에 결국 난 감옥에서 삶을 마감할 수 밖에 없었어.

고구려 부흥 운동

나라를 잃은 고구려 유민들도 고구려 부흥 운동을 일으켰어. 검모잠이라는 사람이 지금의 평안북도 안주에 있는 궁모성을 중심으로 군사를 일으켰지. 거기서 왕족 안승을 왕으로 올리고 고구려를 멸망시킨 당나라군에 저항했어. 하지만 당나라군에 의해 부흥군들이 진압되었고 고구려 유민들은 신라로 들어가거나 만주 지역 곳곳에 흩어지고 말았어.

한 자 한 자 익히는 漢字

■ 興이 들어가는 한자어를 알아보아요.

興 일어날 흥	味 맛 미	흥을 느끼는 재미.
興 일어날 흥	行 다닐 행	곳곳을 돌아다니며 연극, 영화 등을 보여 줌. 이로 인해 큰 수익을 거둠.
卽 곧 즉	興 일어날 흥	그 자리에서 바로 일어나는 감흥.

신라 | 승려

혜초

#불교는_내_운명
#걸어서_인도까지
#난_길_위의_고독한_구도자
#내_여행기가_프랑스에_왜?

佛	經
부처 불	글 경

부처의 가르침을 적은 경전.

불경을 공수하기 위한 대장정

그곳은 낮에는 숨이 턱턱 막힐 정도로 덥고, 밤에는 온몸이 갈라 터질 것 같이 추운 곳이었어. 몇 날 며칠을 먹지 못해 굶주려 탈진한 적도 여러 번이었지. 거기에다 야생 동물과 도적 떼의 공격을 받아 죽을 고비도 많이 넘겼어. 긴장과 공포를 이겨 가며 걷고 또 걸었어. 어디를 가는 거였냐고? 그곳은 천축국, 지금의 인도 지역이야.

나는 우리나라의 불교 중심지인 신라 경주에서 태어난 승려야. 16세 되던 해 중국 광저우에서 비밀 불교 즉 밀교 창시자인 금강시로부터 밀교에 대해 배웠지. 그리고 그분의 권유에 따라 인도 지역으로 불경(佛經)을 구하기 위한 여행을 떠났던 거야. 아무리 팔팔한 십 대였다 해도, 세상에 그렇게 힘들고 멀고 험한 길일 줄은 정말 상상조차 못했어.

인도 제국 정밀 탐사 기록물 『왕오천축국전』

네비게이션은커녕 지도조차 흔치 않던 그 시절, 내가 걸었던 길을 짚어 보니 4년에 걸쳐 약 20,000km를 걸었던 대장정이었지 뭐야. 나는 석가모니가 태어난 곳, 최초로 설법했던 곳은 물론 티베트, 페르시아, 중앙아시아까지 갔었어. 그 과정에서 경험했던 것, 보고 들었던 온갖 정보와 신기한 이야기들을 그냥 내 머릿속에만 간직하기엔 너무나 아까웠지. 그래서 당나라로 돌아온 후 모든 과정을 기록으로 남겼어. 이것이 『왕오천축국전』이야.

내 피, 땀, 눈물의 여행기를 프랑스가 가져가다니

이 기록이 현장 법사의 『대당서역기』, 마르코 폴로의 『동방견문록』, 이븐 바투타의 여행기와 더불어 세계 4대 여행기라고 평가받는 데는 다 이유가 있어. 8세기 인도와 중앙아시아에 관한 세계 유일의 기록이라는 빛나는 가치 때문이야. 그리고 우리 문학사에 있어서도 최초 여행기이기 때문에 매우 귀중한 유산이지. 이 책은 서역과 중국을 잇는 교통의 요지인 돈황의 천불동 석굴에 있다가 1908년 프랑스의 중국학 교수 펠리오에 의해 발견되었어. 그래서 지금은 프랑스 파리 국립도서관이 소장하고 있지. 너무 속상하군.

인물의 결정적 한마디

66

내가 남긴 위대한 유산 『왕오천축국전』을 읽을 때는 뜻을 잘 생각하며 읽어야 해. 많은 사람들이 '왕오∨천축국∨전'이라고 읽지만 정확히는 '왕∨오천축국∨전'이야. '왕(往)'은 갔다 왔다, '오(五)'는 다섯, '천축국(天竺國)'은 인도 지역의 옛 이름, '전(傳)'은 이야기라는 뜻이거든. 즉 다섯 천축국을 여행하고 돌아온 이야기라는 말이지.

99

■經이 들어가는 한자어를 알아보아요.

經 글 경	典 법 전			종교의 교리를 적은 책.
聖 성인 성	經 글 경			기독교의 교리를 적은 책.
牛 소 우	耳 귀 이	讀 읽을 독	經 글 경	소귀에 경 읽기. 어리석은 사람은 아무리 가르쳐도 알아듣지 못한다.

한 자 한 자 익히는 漢字

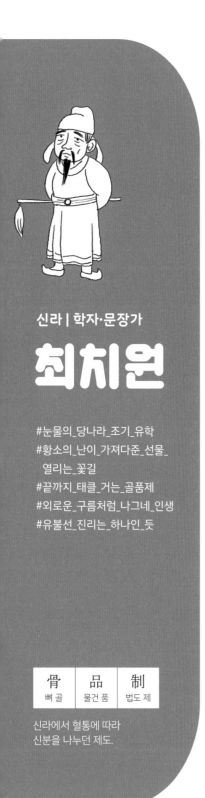

신라 | 학자·문장가

최치원

#눈물의_당나라_조기_유학
#황소의_난이_가져다준_선물_
　열리는_꽃길
#끝까지_태클_거는_골품제
#외로운_구름처럼_나그네_인생
#유불선_진리는_하나인_듯

骨	品	制
뼈 골	물건 품	법도 제

신라에서 혈통에 따라
신분을 나누던 제도.

꿈을 펼치러 당나라로

당나라로 조기 유학 떠나던 날, 전라도 영암 나루터. 당시 나는 12살 어린 나이였지. 타고 갈 큰 상선이 도착하자 중국 말을 쓰는 낯선 뱃사람들과 망망대해가 눈에 들어왔어. 덜컥 겁이 나더군. 불안감과 서글픔을 이기지 못하고 울음을 터트리며 떨고 있던 나에게 아버지는 이렇게 말씀하셨어.

"맘 단디 묵어라. 가가 10년 안에 과거 급제 몬하믄 니는 더 이상 내 아들이 아이다. 알겠재?"

당나라 과거 시험 글로벌 인재 전형 수석 합격

우리 집안은 골품제(骨品制)가 엄격히 실시되고 있던 신라에서 6두품 집안이었기 때문에 출세에 제한이 있었어. 그래서 신라를 떠나 당나라로 가게 된 것이지. 당시 중국 당나라 과거 시험에는 재능 있는 외국인을 관리로 뽑는 빈공과라는 시험이 있었어. 그리고 나는 18세 나이에 과거에서 수석 합격, 즉 장원 급제를 했지.

당시 당나라도 농민 반란이 일어나는 등 사회가 혼란스러웠어. 특히 황소라는 인물이 주도한 반란군 세력이 당나라 전역을 휩쓸며 날로 커져만 가고 있었지. 그때 고변이라는 사람이 반란의 진압을 맡은 토벌군 대장이었는데, 나는 그의 문서 담당관이었어. 그 사람 밑에 있으면서 나는 황소를 토벌하는 글, 「토황소격문(討黃巢檄文)」을 썼어. 황소가 이 글을 읽고 놀라 침상에서 굴러 떨어졌다는 소문이 날 정도로 명문이었지. 거칠 것 없어 보이던 황소의 난이 진압되자 당나라 황제가 나의 공을 인정하여 황금 물고기가 장식된 자주빛 주머니를 나에게 내려 주었어. 이것을 자금어대(紫金魚袋)라고 하는데 외국인 유학생에게는 어마어마한 의미가 있는 상이야. 이것만 있으면 면책 특권에다 궁중 프리 패스까지 가능하였으니 말이야.

휴지 조각이 된 시무책십여조

884년, 나는 당 희종이 신라 왕에게 내리는 조서를 가지고 고국 신라로 귀국했어. 그리고 그간의 경험과 공부를 바탕으로 894년 진성 여왕에게 신라 대개혁을 위한 시무책십여조를 올렸지. 시무책십여조는 지금 힘써 시행해야 할 열 몇 가지 정책이라는 뜻이야. 진성 여왕은 나에게 6두품이 오를 수 있는 최고의 관직인 '아찬' 벼슬을 내리고 나의 의견을 적극 수용할 의지를 보였어. 하지만 안타깝게도 여전히 귀족들은 개혁을 극심하게 거부했고, 개혁안은 흐지부지 되었지.

인생에 시련이 반복되자 모든 에너지와 의욕이 달아나 버렸어. 나는 은둔을 결심하고 이곳저곳을 돌아다녔어. 이때부터 불교 철학에 심취했지. 공부해 보니 유교, 불교뿐 아니라 도교도 매우 흥미롭더라고. 이것들이 조화롭게 융화되면 이보다 더 깊은 사상의 경지는 없으리라 생각했어. 사람들은 내가 도교를 공부한 것 때문에 그랬는지 죽지 않고 가야산에서 신선이 되었다고들 해.

인물의 결정적 한마디

> 66
>
> 쓸쓸한 가을바람 괴로이 읊조리니
> 세상엔 날 알아 주는 이 없네
> 깊은 밤 창 밖엔 비
> 등잔 앞 마음은 만리
>
> - 「추야우중(秋夜雨中)」
>
> 99

이 시는 내가 남긴 또 다른 명문 중의 하나인 한시 「추야우중」이야. 당나라 유학 시절, 비 오는 가을밤에 나를 알아 주는 이가 없어 쓸쓸했던 마음과 떠나 온 고향에 대한 그리움을 시로 담았지.

한 자 한 자 익히는 漢字

■ 骨이 들어가는 한자어를 알아보아요.

骨 뼈 골	折 꺾을 절	뼈가 부러짐.

四 넉 사	骨 뼈 골	짐승. 특히 소의 네 다리의 뼈.

頭 머리 두	蓋 덮을 개	骨 뼈 골	머리를 덮고 있는 뼈.

장보고

"바다의 실크 로드를 개척하다."

#해상_중계_무역_나는야_바다의_왕 #아싸라비아_아라비아_상인까지
#국제_무역_센터_겸_해군_기지_청해진 #사라진_해적_떼_환상의_섬_완도
#문성왕_당신이_그러면_안_되지

소년 궁복, 기회의 땅 당나라로 떠나다

　나는 9세기 통일 신라 후기, 우리나라 남쪽 바다 끝자락인 완도에서 태어났어. 보잘것없는 평민 출신이라 어릴 땐 성도 없이 궁복이라고 불렸지. 활 궁(弓)이 이름에 들어간 것은 내 활 솜씨가 장난이 아니었기 때문이야. 신라에서는 출신 때문에 미래에 대한 희망이 별로 보이지 않았어. 때마침 당나라가 여러 반란에 시달려 무예가 뛰어난 자들을 모으고 있다는 소식을 듣게 되었지. 나는 바로 당나라로 떠났어.

　나는 당나라 무술 대회에서 챔피언을 먹고 무령군 소장이라는 장교가 되었어. 그리고 장보고라는 새 이름을 얻었는데 '궁(弓)'이 들어가면서 중국에서 가장 흔한 성씨인 장(張)에, '복'을 늘려 발음한 보고(保皐)를 붙인 거였어.

종합 무술인 장보고.
중국 챔피언이 될테야요.
弓 달弓
궁복이가 활만 잘쏘는 게 아니었네.

나는야, 바다의 왕

나는 안정된 당나라 생활을 포기하고 신라에서 꿈을 펼치기 위해 828년에 귀국했어. 그때 신라 흥덕왕에게 완도에 청해진(清海鎭)을 설치할 수 있도록 청원했지. 그리고 신라를 괴롭히고 해상 무역을 방해하는 해적 떼들을 소탕했어. 이름 그대로 '깨끗한 바다를 만드는 군사 기지'를 완성한 거야. 나는 이러한 강력한 군사력을 방패 삼아 아라비아와 당나라, 그리고 왜를 연결하는 중계 무역을 해 막대한 돈을 벌었어.

하지만 내 인기가 높아지고 세력이 커지자 문제가 생겼어. 당시 왕이었던 문성왕이 내 딸을 왕비로 삼으려고 했는데 나를 시기하고 견제하던 귀족들이 내 출신을 문제 삼아 극렬하게 반대한 거야. 결국 왕도 은근슬쩍 결혼을 포기를 하자 배신감이 매우 컸지. 문성왕은 수년간 펼쳐진 왕위 계승 다툼에서 내 도움 덕에 왕이 된 자였기 때문이야. 결국 나는 반기를 들고 난을 일으켰어. 그러나 조정에 매수된 내 심복 부하이자 친구였던 염장의 손에 허무하게 목숨을 잃었지. 이로 인해 나의 해상 왕국 청해진도 20년을 넘기지 못하고 무너졌어.

고려 | 왕

왕건

#애꾸눈_궁예_한눈에_나를_
  알아보다
#관심법에_관심_그만_가지시라
#우주의_기운이_고려에게로
#결혼이_만사다_호족_통합_왕씨_
  번성
#코리아의_기원_고려

建	國
세울 건	나라 국

나라를 세움.

치열한 후삼국 리그전

삼국을 통일한 후 신라는 100여 년간 태평성대를 누렸어. 그런데 혜공왕 때부터 진골들끼리 패를 만들어 왕위 쟁탈전을 벌이더니 이후 150년간 왕이 무려 20여 번 바뀌는 대혼란이 계속되었어. 그러자 지방에서 재산이 많고 세력이 강한 집안인 호족들이 자체적으로 무장하며 일어났지. 그중 궁예와 견훤은 가장 큰 세력을 가진 자들이었어. 그리하여 신라와 함께 견훤의 후백제, 궁예의 후고구려 이 세 나라가 맞서는 후삼국 시대가 시작된 거야.

궁예가 대안이 될 수 없다

우리 아버지 왕륭은 지금의 개성인 송악 지방의 호족이셨어. 나는 아버지를 따라 896년, 당시 대세였던 궁예의 밑으로 들어가 장군이 되었어. 그리고 궁예의 신임을 얻으며 여러 전투에서 공을 세웠지. 궁예는 영원한 평화가 깃든 평등 세계를 꿈꾸던 매력적이고 카리스마 넘치는 지도자였어. 그런데 세력이 점점 커지자 어느새 난폭한 임금으로 변했지 뭐야. 한술 더 떠서 궁예는 자신이 세상 마지막에 나타나 새로운 시대를 여는 미륵이라고 주장했어. 또 사람의 속마음을 읽는 관심법(觀心法)을 쓸 수 있다며 황당한 논리로 사람을 함부로 판단하고 죽이기도 했지. 최측근이던 나도 하마터면 관심법의 덫에 걸려 죽을 뻔 했었다니까.

민족 대통합으로 후삼국을 통일하다

궁예가 점차 민심을 잃어 가자 나의 부하들이 918년 궁예를 몰아내고 나를 왕으로 올렸어. 나는 그렇게 고려를 **건국**(建國)했어. 나라 이름을 고려라고 한 것은 고구려의 정신을 잇겠다는 의미였지. 나는 호족의 딸들과 결혼하여 지방 세력의 통합을, 세금을 감면하고 불교 행사를 성대하게 열어 민심의 안정을 꾀했어.

그러던 중 후백제의 견훤이 아들 신검에 의해 금산사에 갇혔다가 탈출해 제 발로 고려로 망명하는 드라마 같은 일이 일어난 거야. 또 나라를 다스리기 힘들어 하던 신라 경순왕도 스스로 나라를 갖다 바쳐 왔지. 제 아비를 쫓아낸 신검이 거느린 후백제 군대와의 마지막 전투까지 승리하면서 드디어 후삼국의 통일이라는 큰 업적을 이룰 수 있었어. 이로써 다른 나라의 힘을 빌리지 않고 한반도를 고려라는 큰 틀 안으로 융합시켜 낸 거야.

죽기 전에는 나라를 위해 후손들에게 본보기가 될 교훈 열 가지 훈요십조(訓要十條)를 남기기로 했지. 여기에는 불교를 국교로 삼을 것, 우리 민족의 풍습과 제도를 지키며 백성을 위해 바른 정치를 펼칠 것 등의 내용을 담았어.

꼬리에 꼬리를 무는 인물

왕 | 견훤

후삼국 시대는 견훤의 일대기라고 봐도 될 정도로 그의 삶은 파란만장했어. 혼란스러운 시대에 영웅처럼 나타난 견훤은 후백제를 세우고 신라를 멸망 직전까지 가게 만드는 활약을 했어. 하지만 후계자를 넷째 아들 금강으로 선택하자 첫째 아들 신검에게 배척당했어. 결국 아들의 위협을 피해 라이벌 고려에게 의지하는 처지가 되었지.

한자한자 익히는 漢字

■ **建**이 들어가는 한자어를 알아보아요.

建 세울 건	立 설 립			건물 따위를 만들어 세움.
建 세울 건	築 쌓을 축	家 집 가		건축에 대한 전문적인 지식이나 기술을 가진 사람.
高 높을 고	層 층 층	建 세울 건	物 물건 물	여러 층으로 높이 지은 건물.

고려 | 학자

최승로

#왕을_놀라게_한_원봉성의_천재_
_소년
#해외_유학파_귀화인_우대_정책이_
웬_말이냐
#안목_천재_성종_임금
#국가_경영_해법의_결정판_시무_
28조

時	務	策
때 시	힘쓸 무	꾀 책

시급하게 닥친 일을
해결하기 위한 대책.

유교 키즈, 왕건의 마음을 훔치다

내가 태어난 927년, 고향인 경주에서 충격적인 사건이 일어
났어. 신라로 쳐들어온 후백제 견훤에 의해 신라 왕이 죽음을
맞이한 거야. 이어 왕이 된 경순왕은 그 일이 있고 10년 후 고
려 왕건에게 나라를 바치고 귀순해 버렸지. 이로써 찬란했던
전성기의 영광을 뒤로 한 채 나의 조국 신라는 완전히 역사
속으로 사라져 버렸어.

당시 6두품이셨던 아버지는 고민 끝에 가족을 이끌고 경순
왕을 따라 고려로 들어가셨어. 내 국적이 신라에서 고려로 바
뀐 순간이있지. 나는 어릴 때부터 공부를 좋아하고 글을 잘
쓰는 걸로 유명했어. 영재로 소문이 자자하자 12살 되던 해에
태조 왕건이 궁궐로 나를 불렀어. 왕 앞에서 나는 논어를 외
워 보였지.

"자왈 학이시습지면 불역열호아 유붕이 자원방래면 불역
락호아…"

(子曰 學而時習之면 不亦說乎아 有朋이 自遠方來면 不亦樂乎아
: 공자가 말씀하셨다. 배우고 때때로 그것을 익힌다면 또한 기쁘지 아니
한가? 친구가 먼 곳에서 찾아온다면 역시 즐겁지 아니한가?)

논어를 줄줄 외우는 나를 보더니 왕은 눈이 왕방울만 해졌
어. 그리고 나의 학습 능력과 잠재력을 크게 평가하며 푸짐한
상을 내려 주었지. 학자들이 드나드는 원봉성에서 조기 영재
교육을 받을 수 있는 혜택은 특별 보너스였어.

대기만성형 학자, 시무 28조를 쓰다

이처럼 왕의 총애를 받으며 나는 유교 경전을 열심히 학습
하고 연구했어. 자연히 유교적 유토피아 건설을 꿈꾸게 되었
지. 어린 나이에 궁중에 화려하게 등장한 것을 시작으로 혜종,
정종, 광종, 경종을 연이어 왕으로 모셨어. 하지만 슬프게도

존재감은 거의 없었지. 이건 순전히 당시 당나라 유학 경험을 중요시하던 분위기 때문이었어. 나는 순수 국내파였거든. 그래서 한창 활발하게 활동해야 할 20~40대에 내 뜻을 제대로 펼치지 못했어. 유학파를 그렇게 우대하더니. 광종 때는 중국 후주 사람 쌍기를 귀화까지 시키며 나랏일을 맡기더군.

그래도 실망하지 않고 때를 기다리며 스스로 역량을 키워 갔지. 50대 중반이 넘어 성종 대에 이르러서야 비로소 나의 진가가 드러나기 시작했어. 성종이 관리들에게 고려 사회를 정비하기 위한 개편안을 제출하라고 명을 내렸거든. 나는 오랫동안 주목받지 못한 설움과 국내파라는 콤플렉스를 단번에 날려 버릴 작정으로 모든 에너지를 집중시켜 시무책(時務策)을 썼지. 나의 개편안은 단연 최고의 평가를 받았고 나는 성종의 브레인이 되었어. 그게 바로 나의 상징 같은 '시무 28조'야. 여기에는 불교의 타락을 지적하고 민생과 여러 사회 문제에 대한 대안, 그리고 올바른 군주의 모습 등이 담겨 있어.

꼬리에 꼬리를 무는 인물

문신 | 쌍기

쌍기는 원래 중국의 후주 사람이 었어. 그는 956년 후주의 사신 설 문우를 따라 고려에 왔다가 병이 나 고려에 머물게 되었지. 그 후 광 종의 눈에 들어 후주로부터 허락을 받고 고려로 귀화하여 관직 생활 을 하게 되었어. 그의 행적 중 가 장 대표적인 것은 고려에 과거 제 도 설치를 건의한 거야.

한 자 한 자 익히는 漢字

■ 時가 들어가는 한자어를 알아보아요.

時 때 시	計 셀 계			시간을 세어 가리키는 장치.
時 때 시	速 빠를 속			1시간을 단위로 하여 잰 속도.
點 점 점	心 마음 심	時 때 시	間 사이 간	점심을 먹는 시간.

최승로 47

고려 | 장군

강감찬

#장원_출신_문관의_전투력엔_뭔가_
  특별함이
#고려는_항복_따위_고려_안_한다고
#서희와_양규의_원투_펀치
#상상불허_수공_전략_소배압_
  개헤엄_치다
#송나라_요나라_사이_캐스팅_보트_
  쥐다

戰	術
싸움 전	재주 술

전투를 수행하기 위한
군사적 기술과 방법.

불멸의 고려 스타 탄생기

948년, 한 사신의 눈에 엄청나게 밝은 별이 어떤 집으로 떨어지는 것이 들어왔어. 신비한 광경에 놀란 사신이 달려가 보니 마침 그 집 부인이 아들을 낳았다지. 다들 눈치챘겠지만 그 부인이 우리 어머니셨고 그 아이가 바로 나야. 이런 탄생기에 어울리지 않게 난 키도 작고 몸도 왜소한 데다 얼굴까지 못생겼었어. 그리고 나는 장군이 되기 전에는 문과에 장원 급제했던 문관이었지.

한겨울, 거란군을 물 먹이다

내가 관리 생활을 하고 있었을 때, 거란족이 세운 요나라는 고려를 자주 침공하였어. 하지만 1차 침공 때는 서희 장군의 외교술에 당했고 2차 침공 때는 양규 장군에게 연패하며 물러났었지. 약이 바짝 오른 거란은 10만 군대를 이끌고 다시 쳐들어왔어. 거란 병사의 총사령관인 소배압은 화려한 전력을 자랑하는 인물이었지. 그는 몽골 정벌과 송나라와의 전쟁에서 큰 공을 세웠었고 고려 2차 침공 때는 우리 고려군을 격파한 경험도 있었거든.

소배압이 거느린 거란 군대가 개미 떼처럼 고려 땅으로 들어왔어. 고려군을 총지휘하게 된 나는 창의적인 상상력을 동원해 작전을 짰지. 거란군이 지나가는 길목에는 삼교천이라는 강이 있었는데 우리는 밧줄로 꿴 쇠가죽으로 강물을 막아 놓았어. 그리고 거란 군사들이 삼교천을 건널 때를 기다렸다가 쇠가죽을 터트려 물을 일시에 흘려보냈지. 냇물이 거의 말라붙은 한겨울에 느닷없이 물이 흘러내리자 성격이 예민한 동물인 말들이 놀라 날뛰고 덩달아 거란 군사들도 허둥지둥대기 시작했어. 이때 우리 군사들이 함성을 지르며 일제히 달려들어 거란군을 크게 무찔렀지.

찬란히 빛나는 땅 귀주

패배에도 불구하고 거란군은 수도 개경으로 질주해 나갔어. 거란군은 본인들의 뛰어난 기동력을 믿은 데다 고려 왕인 현종만 잡으면 고려가 항복하리라 생각했던 거야. 나는 적군이 현지에서 식량을 조달하는 것을 막기 위해 주변의 먹을거리나 우물, 무기 등을 없애 버리는 **전술**(戰術)을 폈어. 이를 청야 수성 전술이라고 해. 그 결과 거란은 개경을 눈앞에 두고도 군사를 철수시킬 수 밖에 없었지. 1019년, 기력을 잃고 지쳐 후퇴하는 그들을 맞았어. 전력을 최대로 끌어 모은 고려군은 나의 지휘 아래 귀주에서 전면전을 벌여 대승을 거뒀지. 이것이 귀주 대첩이야. 그 결과 27년에 걸친 거란과의 전쟁은 빛나는 승전으로 끝났고, 고려의 최전성기가 시작되었어. 송나라도 요나라도 우리 고려 눈치를 보며 환심을 사려 애썼으니 말이야.

꼬리에 꼬리를 무는 인물

외교가 | 서희

거란의 1차 침공 때는 서희의 화려한 외교술 덕분에 나라를 지킬 수 있었어. 거란의 침공으로 고려의 상황이 불리해지자 조정에서는 거란의 요구대로 서경 이북의 땅을 주고 끝내자는 결정을 내렸어. 이에 강력 반대했던 서희는 적장 소손녕을 찾아가 담판을 벌였지. 적장은 고구려 땅이 거란의 것이라고 주장했어. 이에 서희는 나라 이름으로 보아도 고려는 고구려의 뒤를 잇는 나라라며 반박했어. 결국 설득 당한 거란군은 군대를 철수했지.

한 자 한 자 익히는 漢字

■ 戰이 들어가는 한자어를 알아보아요.

作 지을 작	戰 싸움 전	어떤 일을 이루기 위해 필요한 조치나 방법. 또는 그것을 짜는 일.

休 쉴 휴	戰 싸움 전	線 줄 선	휴전 협정에 따라서 결정되는 군사 경계선.

第 차례 제	一 한 일	次 버금 차	世 인간 세	界 경계 계	大 클 대	戰 싸움 전	1914년부터 4년간 계속되었던 세계 전쟁.

고려 | 정치가

김부식

#내가_바로_고려의_소식이다
#천재_4형제_그중_최고는_나
#내_안의_사대주의자_콤플렉스
#역사_기록은_아무나_하나

歷	史
지날 력(역)	역사 사

인류 사회의 변천과 흥망의 과정.
또는 그 기록.

4형제 모두 중앙 정계에 진출한 명문 집안

내가 태어날 무렵은 고려가 건국된 지 이미 200여 년이나 지난 때였어. 그래서 고구려를 계승한다는 초기 정신이 많이 약해져 있었지. 대신 우리 아버지 김근 같은 신라계 유학자들이 유교적 국가 운영 시스템을 갖추어 놓고 있었어.

나를 포함한 4형제 모두는 과거에 급제하여 중앙 정계에 진출했어. 대단하지 않니? 특히 둘째 형 부일, 동생 부철이와 함께 나는 당시 관리들이라면 모두가 부러워하던 한림원에서 근무하였어. 한림의 한(翰)은 붓, 림(林)은 숲이라는 뜻이야. 따라서 한림이란 붓이 모여 있는 숲, 즉 학문의 숲이라는 뜻이지. 당대 최고의 문장가들이 그곳에 모여서 학문 분야를 담당했어.

사대주의자라는 꼬리표

나는 최고 벼슬인 문하시중에 오르며 평생 부귀영화를 누렸어. 그렇지만 내게는 뼛속 깊은 사대주의자라는 꼬리표가 붙어 있어. 그렇게 된 결정적인 사건이 있어. 바로 묘청이 난을 일으켰을 때 내가 반란의 진압군 총사령관이 된 일이었지. 묘청은 지금의 평양인 서경으로 수도를 옮기고 왕을 황제라고 칭하고 연호를 사용하자고 주장했어. 그 당시 황제와 연호는 중국만이 쓸 수 있었어. 게다가 그들은 서경 천도와 함께 중국의 금국 정벌도 주장했었지. 이는 묘청 일파들이 강한 민족 자주 의식을 가지고 있었다는 말이야. 그의 반대편에 서서 이 반란을 진압한 나는 자동적으로 사대주의자라고 평가받은 거고.

삼국사기 편찬 총디렉터

1145년 인종의 명을 받아 내가 주도하여 편찬한 50권짜리 역사책이 있어. 바로 불후의 명저 『삼국사기(三國史記)』야. 나를 욕하는 사람들은 내가 사대주의자라는 이유를 들어『삼국사기』까지 그 가치를 깎아내리고 있어.『삼국사기』의 이름과 기록 방식이 중국 한나라의 사마천이 쓴『사기』를 표절했다는 거야. 그리고 중국과 대등하게 맞선 고구려보다 당나라와 손잡았던 신라를 더 높이 평가한 것도, 대륙에 나라를 세운 발해의 **역사**(歷史)를 무시한 것까지. 모두 내가 사대주의자라서 그렇다 말하더라고. 일리는 있지만 이 사람들은 내가 중국에까지 명성을 떨친 대문장가라는 것, 고구려가 수차례 전쟁에서 중국을 이겼다는 기록을 남겼다는 것, 중국 역사책에는 없는 역사적 사실들을 찾아냈다는 것은 왜 언급하지 않는지 답답하기만 해.

국사(國史)를 편찬한다는 것은 단순히 왕권 강화 목적으로 추진하는 국가 이벤트가 아니야. 정치·문화 전반의 수준이 높지 않고는 불가능한 일이거든. 실제로 이때 고려는 문화가 융성했고 거란을 격퇴한 후라서 자신감과 자부심이 강했단 말이야. 그런 맥락에서 나와『삼국사기』를 보았으면 좋겠어.

꼬리에 꼬리를 무는 인물

승려 | 묘청

묘청은 문인 정지상의 추천으로 등용된 인물이야. 그는 왕에게 서경으로 수도를 옮기면 주변 나라들이 조공을 바치고 고려가 부강해질 것이라고 주장했어. 그의 주장에 왕도 긍정적으로 반응했지. 하지만 서경 천도를 위해 무리하게 징조를 조작하다가 왕의 신임을 잃게 되었어. 나아가 왕의 마음이 나, 김부식 쪽으로 기울자 결국 난을 일으켰지. 이 난은 내가 이끈 진압군에 의해 1년 만에 진압되었어.

한 자 한 자 익히는 漢字

■ 史가 들어가는 한자어를 알아보아요.

| 史
역사 사 | 劇
연극 극 | | | 역사에 있었던 사실을 바탕으로 하여 만든 연극이나 희곡. |

| 現
나타날 현 | 代
대신할 대 | 史
역사 사 | | 일반적으로 제2차 세계 대전 이후의 역사를 이르는 말. |

| 先
먼저 선 | 史
역사 사 | 時
때 시 | 代
대신할 대 | 역사 기록이 없는 시대로, 석기 시대와 청동기 시대를 이름. |

고려 | 반란 지도자

망이

#천민도_같은_인간이다
#용감한_형제
#명학소의_북소리
#우린_멈추지_않을_거구먼유
#신분_해방을_꿈꾸며
#1년_반_짧았던_행복

蜂	起
벌 봉	일어날 기

많은 사람이 벌 떼처럼
세차게 들고 일어남.

소같이 일만 하라고 소(所)란 말이냐

당시 고려의 행정 구역은 주현과 속현 그리고 향·부곡·소로 나눠져 있었어. 그중에서도 향·부곡·소는 특수한 하층 계급 주민들을 관리하던 행정 구역이었지. 그곳 주민들은 신분상 양민이었지만 천민과 다를 바 없었어. 농사를 짓던 향과 부곡은 형편이 그나마 조금 나은 편이었어. 소의 주민들은 국가에 바칠 물품의 생산을 맡았는데 얼마나 고되고 비참했는지 몰라. 우리 형제는 숯을 주로 생산했는데 죽어라 일만 했을 뿐 아니라 각종 부역에 시달리고 세금까지 어마어마하게 납부해야 했어.

이런 상황에서 1170년 무신들이 난을 일으켜 정권을 잡았다는 긴급 뉴스가 퍼졌어. 우리 하층민들은 한껏 들떴지. 문신들에게 천대받던 무신들이 정권을 잡았으니 그들이 새로운 시대를 열어 줄 것이라 기대했던 거야. 하지만 오히려 사회 질서는 더 문란해졌어. 정권을 잡은 정중부와 그의 아들, 사위까지 합세해 백성들을 수탈해 가는 거야. 이에 불만을 품은 세력들의 봉기(蜂起)가 전국에서 연이어 일어났지.

우리 역사 최초의 신분 해방 운동

나도 1176년 동생 망소이와 함께 사람들을 모아 우리가 살던 공주의 명학소에서 난을 일으켰어. 우리는 수탈 금지, 신분 해방을 캐치프레이즈로 내걸고 파죽지세로 충청도 일대를 장악했어. 다급해진 조정에서는 명학소를 충순현으로 승격시키고 관할 공무원까지 파견하며 환심을 사려 했어. 하지만 꿍꿍이속이 있을 거라 짐작했던 우리는 제안에 응하지 않았고 벼랑 끝 전술을 폈어. 그러자 조정의 대대적인 토벌이 시작되었지. 그런데 토벌군의 규모가 예상했던 것보다 훨씬 위협적이었어. 이길 가능성이 희박해 보였지. 결국 우리는 조정과 협상을 벌인 끝에 항복하기로 결정했어.

신분 차별 철폐하고 무신 정권 타도하자

돌아가면 더 이상 명학소에서 천민 생활을 하는 것이 아닌 충순현에서 양민으로 살아갈 수 있으리라 믿었어. 하지만 무신 정권의 완전한 사기극에 놀아난 꼴이 되어버렸지. 그들이 나의 아내와 어머니를 인질로 삼는 비열한 짓거리를 해댔거든. 이건 우리 세력의 씨를 완전히 말려 놓겠다는 의도 아니겠어? 우리 형제는 이제 단순히 신분 해방 운동이 아니라 무신 정권을 타도하는 것을 목표로 2차 봉기를 일으켰어.

하지만 생각지도 못한 난관에 부딪치게 되었어. 조정이 우리를 진압하기 위해 관군을 총동원한 데다 농번기에 농민군들의 이탈이 많아져 우리 전력이 급격히 약화됐거든. 결국 내 이름 그대로 우리는 망(亡)하고 말았지. 비록 실패로 끝났지만 1년 반 남짓한 짧은 시간 동안 참으로 행복했어. 밑바닥 인생이었던 우리가 그 순간만큼은 세상의 주인으로 당당하게 살 수 있었으니 말이야.

꼬리에 꼬리를 무는 인물

무신 | 정중부

고려의 무신들은 문신들과 비교했을 때 심한 차별 대우를 받았어. 무신들의 불만이 깊어가던 1170년, 왕 의종이 보현원이라는 곳으로 행차하는 중에 젊은 문신인 한뢰가 나이가 많은 장군 이소응의 뺨을 때린 사건이 일어났어. 분노한 정중부와 다른 무신들은 그날 밤 보현원에서 문신들을 모조리 죽이고 의종을 임금의 자리에서 쫓아내 귀양을 보냈어. 그리고 정중부는 권력을 잡고 무신 정권 시대를 열었지.

한 자 한 자 익히는 漢字

■ **起**가 들어가는 한자어를 알아보아요.

起 일어날 기	床 평상 상				잠자리에 일어남.
起 일어날 기	源 근원 원				사물이 처음 생김.
早 이를 조	起 일어날 기	蹴 찰 축	球 공 구	會 모일 회	아침 일찍 일어나 축구를 하는 모임.

고려 | 집권자

최충헌

#복수는_형제의_힘
#권력은_피보다_진하다
#선_넘은_노비들_잘_가거라_만적
#왕도_내_손아귀에
#이규보를_아무나_알아보나
#무신_정권_최종_보스_가는_길도_
화려하게

武	臣
무사 무	신하 신

신하 가운데 무관인 사람.

비둘기, 불화의 상징이 되다

천민 출신 이의민, 이자는 경주 지역 조폭 출신으로 무식한 데다 성격이 분노 조절 장애 수준이었어. 그런 자가 무신 반란 때 공을 좀 세우더니 국가 권력까지 제 손아귀에 넣어 버린 거야.

어느 날 이의민의 아들이 내 동생 이충수가 애지중지 기르던 비둘기들을 뺏어 가 버리는 일이 있었어. 그 비둘기는 평범한 것이 아니라 중국으로부터 들여온 우편 배달부이자 통신병인 값비싼 전서구(傳書鳩)였어. 비둘기를 되찾으러 간 충수는 돌려받는 것은 고사하고 도리어 이틀이나 갇혀 볼기를 맞는 모욕을 당했지. 충수가 나를 찾아와 이를 부득부득 갈며 말했어.

"형님, 저자들을 그냥 둘 수 없습니다. 나라를 망치고 있는 이의민 일당을 처단하고 새 시대를 열어 봅시다. 어서 결단하시지요."

10년의 집권 동안 이의민 정권은 민심을 완전히 잃어버렸고 나도 그 집안 사람들에게 모욕을 당한 적이 있어 이의민이 무지 싫었던 터였어. 그래서 거사를 결심했지. 나는 이의민과 그 아들들을 암살한 후 개경에 들어가 이의민 잔당들을 모조리 제거해 버렸어. 겁을 집어먹은 명종은 이 일이 정당하다고 승인해 주었지.

60년 정권 유지 비결은 바로 체계적 시스템

드디어 실권을 완전히 장악하고 60년 최씨 **무신**(武臣) 정권 시대를 열었어. 이미지와는 달리 문신 출신이었던 나는 집권 후 국가의 미래 비전을 제시하는 개혁 시나리오를 직접 작성했지. 그것이 바로 명종에게 올린 '봉사 10조'였어. 뭐 제대로 시행되지는 않았지만 말이야.

1198년 5월에는 내 사노비 중 만적이란 놈이 평소에도 반항끼가 많더니 반란을 일으키려 하더군. 나는 반란 가담자들을 모조리 잡아 물속에 처넣었어. 이후 각종 민란과 신라 재건 운동 등을 진압하면서 내 권력은 더욱 탄탄해져 갔어. 문신들도 과감히 등용했는데 당대 최고 문장가로 손꼽히는 이규보는 내가 키웠다고 해도 지나친 말이 아니야. 또 의사 결정 기구인 교정도감은 내 정치 기반으로, 경호 부대인 도방은 내 군사 기반으로 삼았어. 이렇듯 물샐틈없는 정권 관리 시스템을 풀가동한 결과 나는 이전 무신 정권 집권자들과 달리 천수를 누릴 수 있었어. 내가 죽자 장례식은 왕과 다를 바 없는 규모로 치러졌고, 모든 관리가 소복을 입었었다고 해. 역사상 나만 한 권세를 누려 본 사람이 몇이나 될까?

만적의 난

엄격했던 고려의 신분 질서가 무신 정변 이후 조금씩 흐트러지는 모습을 보였어. 이의민 같은 천민 출신이 최고 권력자가 되기도 했으니 말 다했지 뭐. 이러한 상황을 보며 내 사노비였던 만적도 새로운 희망을 보았나 봐. 신분 해방의 꿈 같은 거였겠지. 그래서 그는 개경의 노비들과 함께 반란을 계획했어. 하지만 제대로 시도해 보지도 못하고 그들의 계획은 밀고에 의해 들통나 실패로 끝났지.

한자한자 익히는 漢字

■ 武가 들어가는 한자어를 알아보아요.

武 무사 무	藝 재주 예				무도에 관한 재주.
核 씨 핵	武 무사 무	器 그릇 기			원자 폭탄이나 수소 폭탄 따위의 핵반응으로 생기는 힘을 이용한 무기.
非 아닐 비	武 무사 무	裝 꾸밀 장	地 땅 지	帶 띠 대	군사 시설이나 인원을 배치해 놓지 않은 곳.

고려 | 승려

지눌

#말이_필요_있나_들어라_마음의_
　소리
#글로_배운_불교_참선으로_
　보완하자
#고려_불교_놓지_마_정신_줄
#깨달음은_순간_수행은_영원

宗	派
마루 종	물갈래 파

한 종교에서 교리나 의식의 차이로
나뉜 큰 갈래.

교종 VS 선종, 팽팽한 신경전

고려 시대 때 불교는 국가 이념으로 우대를 받아 극강의 파워를 가지고 있었어. 그런데 고려 중기에 이르면서 기존의 불교 교단인 교종과 선종 사이 세력 다툼이 심해졌지.

교종의 교(敎)는 '가르치다'는 뜻을 가지고 있어. 부처가 제자들을 가르친 말씀을 기록한 경전을 연구하고 수행하는 종파(宗派)였지. 반면 선종의 선(禪)은 '고요하다'는 뜻이야. 중생의 마음에는 부처가 있으니 고요히 마음을 수양하면 직접 깨달음을 얻는다고 주장한 종파였어. 내가 태어났던 시기는 두 종파의 내립이 해소되기는커녕 더욱 심해지고 무신의 난 등으로 사회가 혼란스러웠던 때였어.

모든 불교는 선불교 품 안으로

나는 태어나면서부터 몸이 너무 약해서 오래 살지 못할 것 같았대. 다급한 부모님께서는 부처님께 나를 살려 주시면 승려로 키우겠다고 서원하셨지. 그 바람에 나는 8살 때 절에 들어갔어. 불교 조기 교육을 받다 보니 부처란 바로 마음이더라고. 사람들은 마음이 참 부처인 줄 알지 못하고 어리석게도 부처를 마음 밖에서 찾는 것 같았어. 그래서 나는 중국 선불교와는 다른 토종 선종 사상 체계를 세워 선종의 입장에서 교종을 품으려고 노력했어.

보조 국사, 국가 지정 공식 칭호

1182년 승려를 대상으로 실시하는 과거인 승과에 급제했어. 이후 뜻을 같이하는 친구들과 결사 운동을 약속했지. 절을 이용해 재산을 빼돌리던 귀족들과 무신 정권에 빌붙어 불교가 타락해 가는 꼴을 보고만 있을 수는 없었거든. 산에 들어가 선(禪)을 수행하여 교종의 이론적 불교를 선종의 체험적 불교와 융합시키려고 온갖 노력을 기울였지.

당시 왕이었던 희종은 나의 서포터즈 회장이셨어. 내가 죽자 희종은 나에게 보조 국사(普照國師)라는 시호도 내려 주셨지. 태양처럼 온 세상을 두루 비추는 나라의 스승이라는 뜻이야. 더불어 내 법명에서 지(知)는 '알다'라는 뜻이고, 눌(訥)은 '말을 더듬는다'라는 뜻이야. 풀어 해석하면 최대한 말로 표현하지 않는 것을 지혜로 삼는다는 뜻이지.

꼬리에 꼬리를 무는 인물

승려 | 의천

의천은 고려 문종의 넷째 아들이었어. 왕자였던 거지. 열한 살 때 승려가 된 그는 1085년에 송나라로 유학을 떠났어. 그리고 고려로 돌아와 송나라에서 가져온 불경을 바탕으로 교리를 정리하는 작업을 했지. 또 교종을 중심으로 선종을 아우르는 해동 천태종을 만들었어. 그는 큰 깨달음을 얻은 스승이라는 뜻으로 '대각 국사(大覺國師)'라는 칭호를 얻었다고 해.

한 자 한 자 익히는 漢字

■派가 들어가는 한자어를 알아보아요.

黨 무리 당	派 물갈래 파		이해를 같이하는 사람들이 뭉쳐 이룬 단체나 모임.
派 물갈래 파	出 날 출	所 바 소	어떤 기관에서 직원을 파견하여 사무를 보게 하는 곳.
親 친할 친	日 날 일	派 물갈래 파	일본과 친하게 지내는 무리.

고려 | 문신

문익점

#내 사랑_목화씨
#산업_스파이_밀수범의_누명을_
벗겨_다오
#장인어른은_금손
#순면_의류_대방출_시대가_열리다
#정치_생명_연장의_힘_목화

木	花
나무 목	꽃 화

열매에서 솜이 나는 식물.

원나라 사신으로 갔다가 잘못 선 줄

나는 고려 말 진주 지방에서 태어난 촌놈이었어. 하지만 워낙에 공부를 잘해서 대학자 이곡 선생님께 글을 배우는 행운을 얻었지. 그 결과 문과 급제는 물론 원나라 과거 시험 합격까지 2관왕을 했지. 그 후 왕이 함부로 정치하는 것을 견제하는 기관인 사간원에서 일했어.

1363년에는 원나라에 사신으로 가게 되었지. 당시 고려는 원나라의 속국이었거든. 고려 공민왕은 친원파들을 제거하고 자주적인 반원 개혁 정책을 펼쳤어. 이게 불안했던지 원나라 조정에서는 공민왕의 삼촌인 덕흥군을 고려 왕으로 임명했어. 이는 공민왕을 폐위하겠다는 결정과 다름없었어. 공민왕은 사태를 해결하기 위해 사신단을 보냈지. 그중에 내가 포함되었던 거야. 북경에는 덕흥군의 임시 정부가 꾸려졌고 원나라는 1만 군대를 지원해 고려를 공격했어. 하지만 덕흥군의 군대는 이성계와 최영에게 대패했어. 덕흥군 라인에 섰던 나는 결국 귀국 후 파면을 당하고 고향으로 내려갔지.

어머니 품처럼 따뜻했던 목화 솜옷

원나라에 살 때 내 마음에 저장한 것이 있었어. 바로 원나라 평원을 뒤덮고 있던 순백의 식물, 목화(木花)였어. 목화꽃이 지고 달린 열매가 익어 터지면 그때 새하얀 솜이 나오거든. 원나라 사람들은 이 솜을 가지고 옷을 만들어 입더라고. 나도 한번 입어 보니 얼마나 가볍고 따뜻한지 단열의 끝판왕이었어. 꽃말이 '어머니의 사랑'이라더니. 정말 따뜻한 엄마 품 같은 느낌이었달까.

나는 어떻게든 이 목화를 고려에서도 심어야겠다고 결심했어. 나는 귀국할 때 목화씨를 붓두껍 안에 넣어서 들어왔어. 붓두껍은 붓촉에 끼워 두는 뚜껑이야. 곧바로 고향 산청으로 내려와 목화 재배를 시도했으나 우리나라 풍토와는 안 맞는지 싹을 틔우는 데 모조리 실패했지. 하지만 식물 재배에 일가견이 있던 장인어른께서 3년에 걸쳐 연구와 노력을 거듭한 끝에 한 알을 싹 틔우는 데 성공하셨어. 이후 고려 전역에 목화가 재배되어 의생활 혁명이 시작되었지.

목화 사랑이 가져다 준 행운

줄을 잘못 서서 정치 인생이 끝나 버렸던 나였지만 목화 덕분에 반전이 일어났어. 단번에 주가가 급등해 고려 우왕 때 정계에 복귀할 수 있게 된 거야. 고려 말, 조선 초의 여러 정치적 소용돌이 속에서도 살아남을 수 있었지.

내가 목화를 들여오기 전까지 의복 생활의 주를 이루었던 게 뭐게? 그건 삼베 모시였는데 겨울에 완전 최악이었어. 그에 비해 목화솜을 넣은 패딩 누비옷은 가볍고 따뜻해서 겨울을 나는 데 매우 적합했지. 그 결과 백성들 삶의 질이 확실히 높아지고 평균 수명까지 늘어났다지? 어렵게 종자를 들여온 보람이 커!

꼬리에 꼬리를 무는 인물

왕 | 공민왕

고려의 제31대 공민왕은 원나라의 간섭에서 벗어나기 위해 반원 자주 개혁을 펼쳤어. 그래서 친원파의 우두머리였던 기철을 제거하고 몽골식 풍습을 금지했어. 또 쌍성총관부를 공격해 원나라가 차지하고 있던 철령 이북 지역을 되찾기도 했어. 하지만 당시는 나라 안팎으로 어수선했기에 개혁은 순조롭게 추진되지 못했어. 결국 공민왕이 신하에 의해 살해당하면서 그의 개혁은 실패로 돌아갔지.

한 자 한 자 익히는 漢字

■ 花가 들어가는 한자어를 알아보아요.

花 꽃 화	草 풀 초		꽃이 피는 풀과 나무. 또는 관상용 식물을 통틀어 이르는 말.
開 열 개	花 꽃 화		풀이나 나무의 꽃이 핌.
無 없을 무	窮 다할 궁	花 꽃 화	우리의 나라꽃.

최무선

"집념 하나로 화학 무기를 발명하다."

#화약_제조_끝없는_가시밭길 #성공한_무기_덕후 #조선의_스타_탄생을_알리는_축포
#기초_과학_육성으로_자주_국방_이룩하자

혼자 나선 화약 제조의 길

내가 살던 때 고려는 부정부패에다 원나라의 간섭으로 군대가 제대로 정비되지 못했어. 그래서 왜구들이 해적선을 타고 바퀴벌레처럼 몰려왔어. 그놈들은 남의 나라에 불법으로 침입하여 마구 약탈하고 불 지르고 잔인하게 사람들을 죽였지. 백성들은 극심한 불안과 고통에 시달렸어. 이런 상황에도 조정은 아무것도 못하고 있었어. 그 광경을 보면서 나는 왜구를 퇴치할 화약 무기를 만들어야겠다고 다짐했어.

하지만 화약 제조법은 당시 원나라의 최고 기밀 사항이었기 때문에 알아낼 도리가 없었어. 그러다 원나라 기술자이자 상인인 이원을 만나게 되었지. 나는 지극 정성으로 그를 대접했어. 지성이면 감천이라고, 드디어 이원으로부터 화약을 만드는 원천 기술을 전

수받을 수 있었지. 하지만 그 시절은 화학이라는 학문 자체가 없던 때 아니겠어? 제조 이론으로 완제품을 만들기까지는 목숨을 건 위험한 실험을 거듭해야만 했지. 크고 작은 부상으로 몸이 성한 데가 없었고 죽을 고비를 넘긴 적도 한두 번이 아니었어.

왜구들에게 지옥의 뜨거운 불 맛을

전 재산을 털어 넣는 것도 모자라 오랜 시간 죽을 고생을 한 끝에 드디어 고퀄리티 화약을 제조하는 데 성공했어. 기쁜 마음에 이 사실을 관청에 보고했지만 돌아오는 공무원들의 반응은 뜨뜻미지근했어. 오히려 나를 미친 사람 취급했지. 하지만 내가 누군가? 집념의 승부사 최무선이 아니던가. 몇 년 동안 공식 시험 기회를 달라고 끈질기게 조정에 민원을 넣었어. 그 결과 1377년 화통도감이라는 공식 기관이 설치되었고 나는 그곳의 관리자로 임명되었지. 화통도감이 설치된 것은 우리 과학사에 큰 획을 그은 일이라고 자부해.

드디어 어릴 적부터 오랫동안 기다리고 기다려 왔던 때가 왔어. 1380년 왜구들의 해적선이 금강 입구 진포에 나타난 거야. 우리 부대는 100여 척의 전함에 화약 무기들을 싣고 나가 해적선을 향해 일제히 불을 뿜었어. 왜구들은 처음 보는 화포와 불화살 공격을 받고 궤멸하였지. 그 외에도 내가 발명한 화약 덕분에 고려는 많은 전투에서 승리할 수 있었어. 이후 임진왜란 때 조선 수군이 크게 활약할 수 있던 것도 앞선 화약 제조 기술 덕이었지.

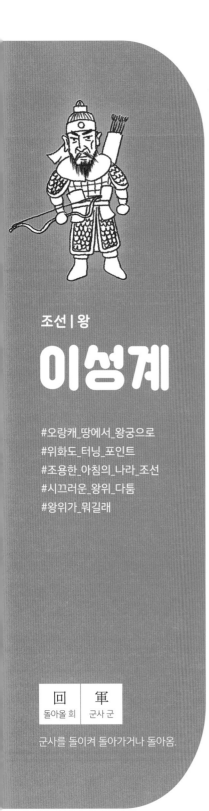

조선 | 왕

이성계

#오랑캐_땅에서_왕궁으로
#위화도_터닝_포인트
#조용한_아침의_나라_조선
#시끄러운_왕위_다툼
#왕위가_뭐길래

回	軍
돌아올 회	군사 군

군사를 돌이켜 돌아가거나 돌아옴.

황산 대첩으로 전국구 스타

우리 집안은 고조할아버지 때 전라남도 전주에서 여진족들이 살고 있던 북방으로 이주했어. 그 지역은 원나라가 다스리던 지역이라 아버지 때까지 우리 가문은 대대로 원나라의 무관 벼슬을 지냈지. 그러다 고려 공민왕이 원나라 지배령이던 쌍성총관부를 공격하여 되찾는 일이 있었어. 이 지역에서 힘을 키워 가던 아버지께서는 이때 공민왕을 도와 큰 공을 세우셨지. 무예, 특히 활쏘기에서는 누구한테도 진 적이 없었던 나도 아버지를 따라 이 작전에 직접 참여하였어.

내가 고려의 전국구 초특급 스타로 떠오른 것은 삼남 지역의 왜구들을 소탕했기 때문이었지. 당시 극악무도한 왜구들의 행패가 심했거든. 1380년 지금의 남원인 황산에서 나는 왜구 아기발도가 이끄는 부대와 운명적으로 마주쳤어. 나는 화살을 뽑아 첫 발로는 아기발도의 투구를 맞춰 벗겨 내고 곧바로 다음 화살을 쏴 머리를 맞춰 죽이는 고난도의 스킬을 선보였지. 그러자 왜구들은 황급히 달아나기 시작했고 고려군은 압승을 거두었어. 이것이 유명한 황산 대첩이야.

위화도에서 말 머리를 돌리다

그 후 20년간 나라를 위해 수많은 전투에 참전해 모두 승리했어. 내 정치적 기반도 탄탄해져 갔지. 내 주위에는 새로운 시대를 열고 싶은 젊은 피들이 점차 모이기 시작했어. 역대급 천재 전략가 정도전이 대표적인 예였지.

그러던 중 중국 대륙의 새 주인이 된 명나라가 옛 원나라 땅이 자기네 땅이라며 고려에게 쌍성총관부를 반납하라는 억지를 부렸어. 고려의 우왕은 최영과 나를 불러 명나라의 요동을 치겠다는 뜻을 밝혔지. 나는 요동 정벌을 반대했지만 최영의 설득에 넘어간 우왕은 요동 정벌군을 편성했어. 축구로 비유하자면 최전방 스트라이커 최영 밑에 양쪽 윙 역할을 했던 나와 조민수는 5월에 압록강 하류의 섬인 위화도에 진을 쳤지. 이때 난데없이 폭우가 내렸고 압록강이 넘쳐 수백 명의 군사가 휩쓸려 죽는 참사가 일어났어. 이러다간 요동성에 이르더라도 오히려 진퇴양난에 빠질 수 있겠다는 생각이 들었어. 조정에 회군(回軍)을 긴급하게 요청했지만 고집불통 우왕과 최영은 현실을 모르고 진군하라는 명령만 내렸지. 나는 큰 결심을 하고 조민수를 설득해 군대를 되돌렸어. 이것이 이른바 위화도 회군이야.

500년 조선 왕조를 열다

내친 김에 나는 개경으로 들어가 최대 라이벌 최영을 제거하고 우왕을 쫓아내 실권을 잡았어. 이러한 일이 가능했던 것은 정도전과 같은 신진 사대부들의 지지가 있었기 때문이야. 천하의 대세가 내게 기운 것을 보고 1392년 고려의 공양왕은 왕위를 나에게 넘겼고, 나는 새로운 나라 조선의 첫 번째 왕이 되었어.

함흥차사

내 재위 기간은 6년밖에 되지 않아. 왕위가 탐난 다섯째 아들 방원이 왕자의 난을 일으켜 동생들을 죽이는 패륜을 저질렀거든. 그 꼴을 보자니 분노가 치밀고 망신스러워 나는 둘째 정종에게 왕위를 물려주고 함흥으로 가 버렸어. 결국 왕위를 차지한 태종 이방원은 나로부터 인정받기 위해 함흥으로 여러 번 사신을 보냈지. 그러나 여전히 태종이 괘씸했던 난 그 사신들을 모두 죽이거나 잡아 가두고 돌려보내지 않았어. 이로부터 한번 가면 깜깜무소식인 사람을 가리켜 함흥차사라고 해.

한 자 한 자 익히는 漢字

■回가 들어가는 한자어를 알아보아요.

回 돌아올 회	復 회복할 복			원래의 상태로 돌이키거나 원래의 상태를 되찾음.
回 돌아올 회	轉 구를 전	木 나무 목	馬 말 마	원판 위에 설치한 목마에 사람을 태워 빙글빙글 돌리는 놀이 기구.
電 번개 전	子 아들 자	回 돌아올 회	路 길 로	진공관 및 반도체나 자성체를 사용한 전기 회로.

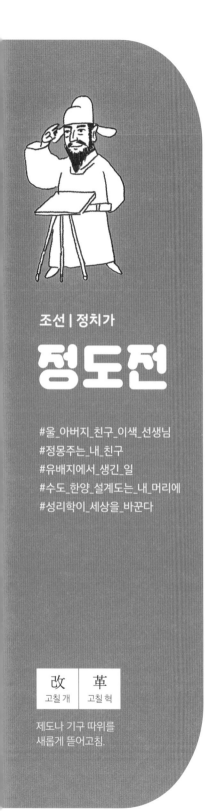

조선 | 정치가

정도전

#울_아버지_친구_이색_선생님
#정몽주는_내_친구
#유배지에서_생긴_일
#수도_한양_설계도는_내_머리에
#성리학이_세상을_바꾼다

改	革
고칠 개	고칠 혁

제도나 기구 따위를
새롭게 뜯어고침.

봉화 촌놈에서 개경 도시남으로

경상북도의 대표 오지 중 한 곳인 봉화의 시골 소년이었던 나는 아버지께서 고려의 높은 벼슬을 하시게 되면서 수도 개경의 도시 남자가 되었어. 그곳에서 아버지 친구이자 당대 최고 학자로 손꼽힌 이색 선생님께 글을 배웠지. 정몽주, 이숭인 같이 유명한 친구들이 내 동창이었어. 그런 뛰어난 친구들과 어울려 공부한 덕에 나는 일찍부터 벼슬길에 나가 공민왕의 총애를 받는 신하로 성장했어.

유배 생활에서 꿈꾼 민본주의

1375년 원나라 사신이 명나라를 치는 연합 작전을 논의하러 고려에 온 일이 있었어. 나는 원나라가 이미 지는 태양이라고 생각했기 때문에 젊은 개혁가들과 함께 이 작전을 극렬하게 반대했어. 이를 괘씸하게 여긴 조정에서는 주동자인 나를 전라도 나주 회진 땅으로 귀양 보냈어.

유배 생활을 하며 백성들의 고통스런 삶을 몸소 겪었던 경험은 내 인생의 큰 터닝 포인트가 되었지. 백성들이 나라의 근본이 되는 세상을 만들어야겠다는 민본(民本) 사상을 이때 다졌으니 말이야. 그때 이미 혁명가의 꿈을 꾸고 있었어.

성리학으로 조선을 디자인하다

위화도 회군으로 정권을 잡은 이성계는 가장 먼저 나를 중앙으로 불러 대사성으로 삼았고 위기 때마다 지켜 주었어. 나는 개혁파들과 함께 서둘러 이성계를 왕위에 오르게 했지. 마침내 꿈이 이루어진 거야. 묵은 제도를 **개혁**(改革)하는 일이 오로지 나의 손에 맡겨졌어. 그러나 한편으로 고려를 배반한 셈이었지. 새 왕조를 세우는 과정에서 반대편에 섰던 스승, 동료들과 갈라서는 아픔을 감수해야만 했어.

새 왕조가 들어서고 9년 동안 내 손길이 닿지 않는 곳이 없었어. 가장 먼저 국가 이념을 정립하고 통치 체제를 정비했어. 무엇보다 내가 혼신을 다해 결단하고 실행한 것은 수도를 개경에서 한양으로 옮기는 일이었어. 1394년 말, 지금의 서울인 한양 땅에 궁궐을 짓고 성곽을 쌓기 시작했지. 그리고 10개월 만에 왕도의 위엄을 갖춘 뉴타운을 완성했어. 나는 경복궁을 비롯해 근정전, 광화문, 숭례문, 흥인지문 등 서울의 모든 궁궐과 문의 이름을 지었어. 또 수도의 행정 시스템 정비도 손수 결정했지. 그렇게 성리학적 이상 세계를 만들고자 한 내 정신이 지금도 서울 곳곳에 남아 있어.

꼬리에 꼬리를 무는 인물

학자 | 정몽주

고려의 문제를 두고 신진 사대부는 두 갈래로 나뉘었어. 새 왕조를 세울 것을 주장한 급진파와 고려 왕조는 유지한 채 개혁을 하자는 온건파로 말이지. 정몽주는 온건파를 대표하는 인물이었어. 급진파와 이성계는 조선을 세우려 했지만 정몽주는 끝까지 고려를 지키고자 했어. 그의 행동이 이성계에게는 걸림돌이었지. 결국 정몽주는 이성계의 아들 이방원에 의해 죽임을 당했어.

한 자 한 자 익히는 漢字

■改가 들어가는 한자어를 알아보아요.

改 고칠 개	憲 법 헌		헌법의 내용을 고침.
改 고칠 개	良 좋을 량	種 씨 종	독특하거나 우수한 형질을 갖도록 길러 낸 동식물의 새 품종.
創 비롯할 창 / 氏 성씨 씨	改 고칠 개	名 이름 명	일제가 강제로 우리나라 사람의 성과 이름을 일본식으로 고치게 한 일.

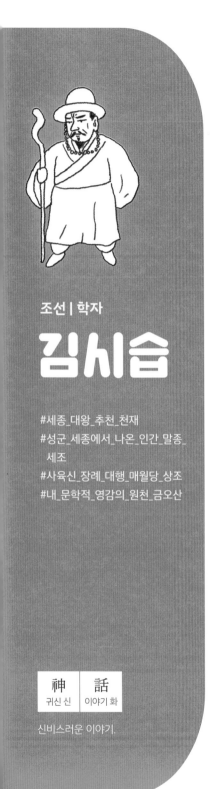

조선 | 학자

김시습

#세종_대왕_추천_천재
#성군_세종에서_나온_인간_말종_
　세조
#사육신_장례_대행_매월당_상조
#내_문학적_영감의_원천_금오산

| 神 | 話 |
| 귀신 신 | 이야기 화 |

신비스러운 이야기.

세종 대왕이 인정한 꼬마 천재

나는 다섯 살 때 이미 유교 경전인 『대학』과 『중용』을 줄줄 외웠다고 해. 소문을 들은 재상 허조가 나를 찾아와 시험해 보더니 세종 대왕께 보고했던 모양이야. 곧바로 조정에서 나를 불렀으니 말이야. 안 그래도 온갖 국정을 살피느라 밤낮없이 바쁘셨던 세종 대왕께서 친히 어린 꼬마를 위해 시간을 내주셨어. 왕께서는 도승지 박이창을 시켜 나에게 여러 가지 문제를 내셨고 나는 술술 대답했지. 그러자 왕께서는 어린 아이의 학문이 학이 푸른 하늘을 날아 춤을 추는 듯하다고 칭찬해 주셨어. 나는 감사한 마음을 담아 이렇게 대답했어.

"어진 임금님의 은총은 황룡이 푸른 하늘에서 번뜩이는 듯합니다."

'오세 신동'이란 닉네임을 얻는 순간이었지. 세종 대왕은 매우 놀라시더니 나중에 크게 쓸테니 열심히 공부하라고 격려해 주셨어.

막장 시대와의 불화

부푼 꿈을 안고 과거 공부를 하던 중 세조가 단종의 왕위를 빼앗았다는 속보를 들었어. 큰 충격을 받은 나는 분노를 억누를 수가 없었어. 인륜이 땅에 떨어진 비정상 국가에서 출세하는 것이 무슨 의미가 있겠냐 싶더라고. 사흘을 굶고 번민하다가 통곡하며 공부하던 책을 다 불태워 버렸어. 그리고 승려가 되어 전국 각지를 유랑하기 시작했어.

그러던 중 단종의 복위를 모의하던 절개 드높은 집현전 학자들이 체포되었다는 소식을 듣고 서울로 달려갔어. 그들이 모진 고문을 당한 후 사지가 찢기는 극형을 받는 처참한 광경을 목격하게 되었지. 그들의 가족들도 죄다 잡혀간 상태다 보니 고귀한 분들의 시신이 쓰레기마냥 아무렇게나 버려져 있었어. 다른 이들도 세조가 무서워 선뜻 손대지 못했지. 나는 통곡하며 그분들의 시신을 하나하나 수습하여 노량진에 고이 묻어 드렸어. 그리고 평생 관직에 나가지 않고 단종에 대한 절의를 지켰어. 나를 포함해 살아서 세조에 항거한 여섯 명의 신하를 생육신(生六臣)이라고 불러.

금오산실은 내 문학 작품의 산실

경주 남산을 금오산이라고도 해. 금오(金鰲)라는 한자 뜻처럼 이곳을 처음 봤을 때 햇빛을 받아 빛나는 화강암 고개들이 마치 커다란 황금빛 자라 같이 보였어. 이런 신비한 기운에 이끌려 '금오산실'이라는 공부방을 만들고 문학 작품을 쓰기 시작했어. 우리나라 최초의 한문 소설 『금오신화(神話)』가 여기에 있을 때 나왔어. 유교 사회에서는 꿈도 꾸지 못할 주제인 자유 연애 이야기가 담겨 있지. 나는 유학을 공부했지만 불교를 아우르고 또 도교 사상까지 통달했어. 내가 어지럽고 복잡한 세상에서 이런 자유분방한 학풍을 가지고 도인처럼 살아갈 수 있었던 것은 어쩌면 세조 덕분이기도 하지. 이걸 고마워해야 할지….

> **사육신과 생육신**
>
> 단종 복위를 모의하다가 죽은 여섯 명의 신하를 사육신(死六臣)이라고 불러. 성삼문, 박팽년, 이개, 하위지, 유성원, 유응부이 그들이지. 그리고 사육신의 정신을 이어받아 단종에 대한 절의를 지킨 나, 원호, 이맹전, 조려, 성담수, 남효온이 생육신이야.

■ 神이 들어가는 한자어를 알아보아요.

女 여자 여	神 귀신 신			여성인 신.
山 메 산	神 귀신 신	靈 신령 령		산을 지키고 다스리는 신.
匠 장인 장	人 사람 인	精 정할 정	神 귀신 신	한 가지 기술에 통달한 장인의 투철한 직업 정신.

조선 | 학자

강희안

#사촌_악마를_보았다
#인생은_안연처럼
#남은_인생_꽃과_함께
#내가_조선의_플로리스트다
#원예도_글로_배워라

安	貧
편안할 안	가난할 빈

樂	道
즐길 락(낙)	길 도

가난한 생활을 하면서도
평안하게 도를 지키며 즐김.

제2의 인생을 선물해 준 삼문이

"으아아아아악!!!"

1456년 6월, 죄인을 심문하는 국문장은 비명 소리로 가득했고 피비린내가 진동했어.

"나으리는 그대 아버지 세종께서 그리 아끼시던 인재들을 다 죽일 셈이오? 저 사람 강희안은 우리와 모의한 적이 없소. 그러니 남겨서 귀히 쓰도록 하시오. 참으로 어진 사람이오."

집현전 동문 동갑내기 절친 성삼문이 조카 단종을 밀어내고 왕이 된 세조에게 한 말이야. 세조를 제거하고 단종을 다시 왕의 지리로 올리려던 계획이 발각되자 대대적인 검거가 이루어졌어. 그날 잡혀 들어온 주모자들은 끔찍하고 혹독한 고문을 받았지. 나도 그 현장에 있었어. 극심한 공포 속에서 살아 나갈 희망을 포기하고 있던 때, 나를 적극 변호해 준 친구 삼문이 덕에 나는 극적으로 풀려날 수 있었어.

시, 서, 화 모두 최고였던 엘리트

우리 어머니는 소헌왕후의 동생이셔. 무슨 말이냐고? 이모부가 무려 세종 대왕이시고 세조와 나는 이종사촌 사이라는 것이지. 집안의 명예를 위해 열심히 공부한 나는 1441년 문과에 급제했어. 그 후 당시 조선 최고 엘리트 집합소인 집현전의 학자로 선발되었지.

거기서 연구하면서 나의 학자로서의 포텐이 제대로 터지기 시작했어.『훈민정음』을 해석하고,「용비어천가」에 주석을 붙이고,『동국정운』을 완성하는 데 내가 기여한 공이 적지 않아. 그리고 조선 8도와 서울의 지도 제작 프로젝트에도 참여했어. 왕의 도장인 옥새에 글씨를 쓸 정도로 명필이기도 했지. 시(詩), 서(書), 화(畵) 모두 당대 최고였어.

안연처럼 안빈낙도

나는 가난해도 만족하고 도를 즐기는 **안빈낙도**(安貧樂道)의 삶을 추구했어. 내 인생작으로 꼽히는 「고사관수도」를 보면 알 수 있지. 나는 학식 높은 고결한 선비가 속세를 벗어나 대자연 속에서 물을 바라보는 모습을 그렸어. 명문 가문에서 금수저 물고 태어나 일찍부터 출세해 높은 관직까지 오른 나지만 내면에서는 늘 그런 삶을 동경하고 있었지.

또 나는 소문난 화초 마니아였어. 요즘 태어났으면 식물학자나 꽃집 주인이 되었을 거야. 이 취미 활동을 기록으로도 남겼는데 이것은 우리나라 최초의 원예 서적인 『양화소록』이야. 이 책은 내가 죽은 지 10년이 지나고 출간되었는데, 이후 일본에도 전해져 일본의 원예 발전도 큰 영향을 주었다고 해. 아름다운 꽃과 멋진 나무들이 곁에 없었다면 정답던 친구들을 잃었던 충격과 체질에 맞지 않았던 공직 생활의 스트레스를 버틸 수 없었을 거야. 일종의 원예 치료였다고나 할까.

꼬리에 꼬리를 무는 인물

학자 | 성삼문

내 친구 성삼문은 세종 대왕의 총애를 받으면서 집현전 학자로서 열심히 활약했어. 특히 훈민정음을 만드는 데 큰 공을 세웠지. 단종이 세조에 의해 왕위를 빼앗기자 그는 단종 복위 계획을 세웠어. 성삼문에게 하늘 아래 두 임금을 섬기는 일은 있을 수 없었던 거야. 밀고에 의해 계획이 들통난 성삼문과 동료들은 결국 비참한 죽음을 맞았지. 그의 호는 매죽헌인데 매(梅)는 매화, 죽(竹)은 대나무를 의미해. 모두 절개를 상징하지.

한 자 한 자 익히는 漢字

■ 道가 들어가는 한자어를 알아보아요.

道 길 도	德 덕 덕			사람으로서 지켜야 할 도리.
孝 효도 효	道 길 도			부모를 정성껏 잘 섬기는 일.
人 사람 인	道 길 도	主 주인 주	義 의로울 의	인간의 존엄성을 최고의 가치로 여기는 사상이나 태도.

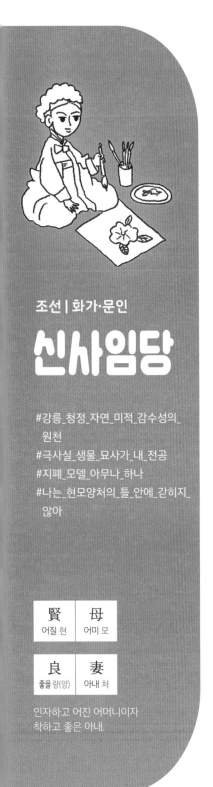

조선 | 화가·문인

신사임당

#강릉_청정_자연_미적_감수성의_
  원천
#극사실_생물_묘사가_내_전공
#지폐_모델_아무나_하나
#나는_현모양처의_틀_안에_갇히지_
  않아

賢	母
어질 현	어미 모

良	妻
좋을 량(양)	아내 처

인자하고 어진 어머니이자
착하고 좋은 아내.

자녀 교육 전문가가 아닌 예술가

요즘 사람들이 가장 좋아하는 역사 인물이 나라는 말을 들었어. 오만 원권 화폐에 내 얼굴이 그려져 있으니 꼭 농담만은 아닐 거야. 다들 나를 현모양처(賢母良妻)의 상징이라고 부르지. 아마 아홉 번이나 장원 급제를 한 이이의 어머니라서 그런가 봐.

우리 아버지는 서울에서 관리를 하시다가 기묘사화 때 혁신적 개혁가 조광조가 화를 당하는 것을 보고 현실 정치에 염증을 느끼셨다고 해. 그래서 처가가 있는 강릉으로 내려 가셨어. 1504년 강릉 외가에서 태어난 나는 아버지와 외할아버지께 『논어』, 『맹자』 같은 경전과 시, 그림을 배웠어. 예술적 재능을 타고난 데다 환경까지 뒷받침되다 보니 내 재능을 마음껏 펼칠 수 있었어.

그림 좀 그리는 언니

특히 나는 그림 그리는 것을 무척 좋아했어. 남들은 별로 관심이 없는 벌, 나비, 꽃, 개구리 등 주변에서 흔히 볼 수 있는 생물이 내 작품의 주 모델들이었지. 바다와 산이 어우러진 아름다운 강릉의 자연환경 때문이었던 것 같아. 대표작으로는 풀과 벌레를 세밀하게 그린 극사실풍의 「초충도」가 있어. 또 먹으로 포도를 그린 「묵포도」가 있지. 이 그림은 오만 원권에도 나와. 내가 이이의 어머니로만이 아니라 아티스트로도 인정받은 것 같아 만족스러워.

전통적인 여성상을 거부한다

19세 되던 해, 나를 무척이나 예뻐하고 아끼셨던 우리 아버지가 나를 이원수라는 남자에게 시집보냈어. 내 재능을 펼치는 데 도움을 줄 만한 사람을 고르고 고르신 거였지. 그래서

난 결혼해서도 서울 시댁으로 들어가지 않고 계속 친정 강릉
에서 살았어. 아버지가 돌아가시고 삼년상을 치른 후에야 시
댁으로 들어갔지. 그런 후에도 서울과 강릉을 오가며 친정 엄
마를 돌보았어. 여자는 반드시 남편에게 복종해야 한다는 전
통적인 조선의 여성상과는 거리가 멀었지.

심지어 남편이 우의정이었던 시 당숙 이기에게 빌붙으려
하자, 나는 간신 윤원형과 어울리며 어진 선비를 모함하고 권
세만을 탐하는 그런 사람 곁에 얼쩡거리지도 말라고 남편에
게 엄하게 경고했었지. 내 말을 들은 남편은 뒷날 화를 당하
지 않을 수 있었어. 그런데도 사람들은 나름 능력 좋던 남편
이 평생 나에게 기를 펴지 못하고 살았다고 수군거리곤 했어.
요즘은 안 그러겠지? 나란 여자는 현모양처라기보다 오히려
당찬 21세기형 커리어 우먼에 가까웠다고 봐.

꼬리에 꼬리를 무는 인물

학자 | 이이

내 아들 이이는 퇴계 이황과 함께
조선을 대표하는 학자로 손꼽혀.
호는 율곡. 이황은 천 원권, 이이는
오천 원권의 모델이기도 하지. 어
린 시절부터 총명했던 이이는 명종
과 선조를 임금으로 모시며 두터운
신임을 얻었어. 국정 운영에 대한
생각을 『동호문답』, 『만언봉사』
등에 담아 왕에게 올리기도 했지.

한 자 한 자 익히는 漢字

■ 母가 들어가는 한자어를 알아보아요.

母 어미 모	國 나라 국	語 말씀 어		자기 나라의 말.
乳 젖 유	母 어미 모	車 수레 차		젖먹이나 어린아이를 태워 끄는 수레.
共 한 가지 공	通 통할 통	分 나눌 분	母 어미 모	둘 이상의 서로 다른 분수를 크기가 변하지 않게 통분하였을 때의 분모.

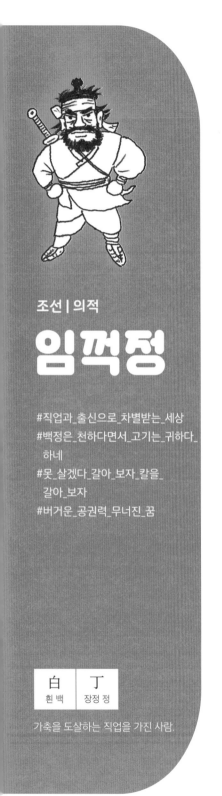

조선 | 의적

임꺽정

#직업과_출신으로_차별받는_세상
#백정은_천하다면서_고기는_귀하다_
하네
#못_살겠다_갈아_보자_칼을_
갈아_보자
#버거운_공권력_무너진_꿈

白	丁
흰 백	장정 정

가축을 도살하는 직업을 가진 사람.

부자와 탐관오리들아 각오해라

어릴 적 우리 집은 늘 짐승들의 피비린내가 진동했어. 아버지께서 백정(白丁)이셨고 나도 그 신분을 이어 받았기 때문이지. 조선 시대에 가장 천대받았던 신분이라고 하면 단연 백정이었어. 당시에는 짐승을 도살하는 일을 천하게 여겼거든.

당시 조선 왕은 명종이었는데 그의 외삼촌 윤원형이 미친 듯 권세를 휘두를 때였어. 특히 내가 살던 황해도의 관리들 중에는 윤원형의 친족들이 많았어. 그들은 하이에나 떼마냥 사리사욕을 채우느라 정신없었지. 자연스럽게 정치는 개판이 되고 백싱들의 삶은 비참하기 이를 데 없었어.

참다못한 나는 1559년 몰락한 농민 수십 명을 모았어. 그리고 그들과 함께 부자, 양반, 토착 세력뿐 아니라 심지어 관청까지 과감히 공격하여 창고를 털었어. 탐관오리들에게서 뺏은 곡식과 재물들은 가난한 백성들에게 나눠 주었지. 조정에서는 나를 조직폭력배의 흉악한 두목으로 현상 수배했지만 그간 수탈에 지친 백성들은 나를 정의로운 도적, 의적(義賊)이라 부르며 환호했어.

공권력과 계속 맞짱 뜨기는 어려워

내 세력은 점차 평안도, 강원도, 경기도 일대까지 뻗어 가기 시작했어. 나의 세력이 걷잡을 수 없이 커져 나가자 이 소식이 결국 조정에 보고되었지. 명종은 두려움에 떨며 나를 당장 잡아들이라고 압박했어. 조정에서는 막대한 현상금과 신분 상승 기회를 포상으로 내걸었지. 관군은 나와 직접 상대하기 벅찬 것을 알고 치사하게 나의 아내와 부하들을 잡아 인질극을 벌였어.

구출 작전을 세우던 중 안타깝게도 핵심 참모였던 서림이 체포되었어. 엎친 데 덮친 격으로 황해도에서 나와 함께하던 친형 가도치마저 잡히는 바람에 내 세력은 급격히 약해졌지. 공권력이 총동원된 대대적인 토벌 작전을 견디지 못하겠더라고. 난 결국 의형제들과 함께 체포되었어. 이로써 새로운 세상에 향한 한 백정의 꿈도 허무하게 허물어졌지.

백정

고려 시대의 백정은 조선 시대와는 다른 뜻이었어. 고려의 백정은 주로 농업에 종사하던 평민을 지칭하는 말이었다고 해.

소설로 더 잘 알려진 내 이야기

사실 나에 대한 역사 기록들은 『명종실록』과 같이 조정의 입장에서 서술된 것이 많아. 그 기록 속의 나는 약탈과 살인을 일삼는 잔혹한 사람으로 묘사되어 있지. 내가 의적으로 부활할 수 있었던 것은 독립운동가 홍명희가 내 이야기를 소설로 썼기 때문이야. 그는 봉건 사회에서 학대받았던 백정인 내가 계급적 차별에 대한 반기를 들어 난을 일으켰을 것이라 생각하고 나를 민중의 영웅으로 그려 주었어. 민족 해방 운동의 일환으로 내 이야기는 1928년부터 무려 10년간 조선일보에서 연재되었지.

한 자 한 자 익히는 漢字

■ 白이 들어가는 한자어를 알아보아요.

白 흰 백	熟 익을 숙		고기나 생선을 양념하지 않고 맹물에 푹 삶아 익힘.
餘 남을 여	白 흰 백		글씨를 쓰거나 그림을 그리고 남은 빈 자리.
白 흰 백	血 피 혈	球 공 구	혈액의 성분 가운데 하나로 면역 작용 등의 기능을 함.

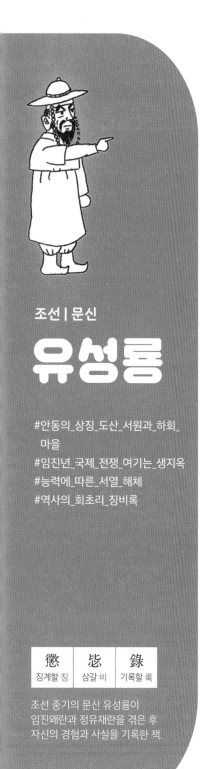

조선 | 문신

유성룡

#안동의_상징_도산_서원과_하회_마을
#임진년_국제_전쟁_여기는_생지옥
#능력에_따른_서열_해체
#역사의_회초리_징비록

懲	毖	錄
징계할 징	삼갈 비	기록할 록

조선 중기의 문신 유성룡이
임진왜란과 정유재란을 겪은 후
자신의 경험과 사실을 기록한 책.

안동에 살으리랏다

안동 하회 마을에 가 본 적 있니? 1542년 경북 의성에서 태어난 나는 글 읽기를 무척 좋아해 21세 때 안동으로 떠났어. 존경하던 퇴계 이황 선생님께서 안동 도산 서원에 계셨거든. 선생님 밑에서 성리학을 배우고 평생 스승으로 모셨지. 안동 하회 마을은 내가 생애의 마지막을 보낸 영혼의 고향이야. S 자로 강물이 굽이쳐 돌아 흐르는 하회의 서쪽에는 부용대 절벽이 있어. 이곳 풍광이 너무 좋아 나는 서쪽 서(西), 절벽 애(厓)를 합쳐 서애라고 호를 짓기도 했어.

난세를 구할 영웅을 키우다

25세 때 과거 문과 시험에 급제한 나는 초고속으로 중앙 정부 관리가 되었어. 1590년에는 49세의 나이로 우의정에까지 올랐지. 당시 조선에는 곧 일본의 침략이 있을 것 같은 위기감이 감돌았어. 선조는 나에게 이를 대비할 만한 인재를 추천하라는 지시를 내렸지. 그래서 평소 눈여겨보아 왔던 권율과 이순신을 각각 육지와 바다를 지키는 책임자로 세울 것을 제안했어. 이를 두고 한심한 인간들은 서열 파괴라며 심하게 반대를 했지만 오로지 역량만 보고 결정한 것이었어. 시간이 지나고 보니 어때? 내 눈이 정확했지? 아마 두 장군이 아니었으면 조선은 지도에서 사라져 버렸을 거야.

전쟁 재발 방지 매뉴얼 『징비록』

우려했던 참혹한 전쟁, 임진왜란이 일어났어. 나는 선조의 피난길을 수행하는 한편 충청, 전라, 경상도를 관찰하는 삼도(三道) 도체찰사의 역할도 수행했지. 국가의 운명이 바람 앞에 등불 같았던지라 하루도 편히 쉴 수 없었어. 전쟁 수행을 위한 군량미를 확보하고 의병 모집을 독려하며 명나라에 도움을 요청하는 등의 일을 긴급하게 추진하였어. 1593년엔 국무총리 격인 영의정에 올라 전쟁 수습에 모든 에너지를 다 쏟아부었지.

그러나 선조는 국가 위기 대처 능력이 크게 떨어지고 변덕과 시기심도 심했어. 이런 왕 밑에서 신하 노릇 하기란 정말 힘들었어. 게다가 관료들은 당파 싸움을 일삼고 특권에서 배제된 양반들이 농간을 부리는 통에 어려움이 이만저만한 게 아니었지.

결국 난 영의정에 오른 지 5년 만에 퇴직하고 하회 마을로 내려갔어. 그곳에서 다시는 임진왜란 같은 비극을 겪지 않도록 국가 위기 대처 매뉴얼을 만들었지. 그게 바로 『징비록(懲毖錄)』이야. 이 책에는 임진왜란이 일어난 원인과 진행 전 과정이 낱낱이 기록되어 있어. 악몽 같았던 시간들이라 기억을 떠올리는 것조차 힘들었어. 그래도 다시는 이 땅에 그런 변란이 생기지 않기를 바라는 마음으로 한 자 한 자 쓴 것이었지.

꼬리에 꼬리를 무는 인물

장군 | 권율

권율은 위기에 빠진 조선을 구한 영웅이었어. 당시 '바다는 이순신, 육지는 권율'이라는 말이 있을 정도였지. 그가 승리로 이끈 행주 대첩은 한산도 대첩, 진주성 대첩과 더불어 임진왜란 3대 대첩으로도 불려. 행주 대첩의 승리는 전세가 조선 쪽으로 확 기울게 되는 계기가 되기도 했지.

한 자 한 자 익히는 漢字

■錄이 들어가는 한자어를 알아보아요.

語 말씀 어	錄 기록할 록			위인들이 한 말을 간추려 모은 기록.
見 볼 견	聞 들을 문	錄 기록할 록		보고 들은 지식을 기록하여 놓은 글.
生 날 생	活 살 활	記 기록할 기	錄 기록할 록	簿 문서 부 / 학생의 학적을 기록한 장부.

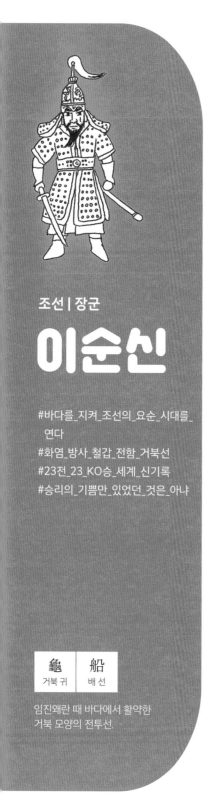

조선 | 장군

이순신

#바다를_지켜_조선의_요순_시대를_
 연다
#화염_방사_철갑_전함_거북선
#23전_23_KO승_세계_신기록
#승리의_기쁨만_있었던_것은_아냐

龜	船
거북 귀	배 선

임진왜란 때 바다에서 활약한
거북 모양의 전투선.

내 인생을 나라를 위해

임진왜란이 일어나기 직전, 나는 47세에 정읍 현감에서 전라 좌수사로 파격적인 승진을 했었어. 요즘으로 말하면 소령 계급에서 바로 투스타 장군으로 진급한 셈이야. 어릴 때 작은 형의 친구이자 똑똑한 동네 형이던 유성룡 대감의 추천 덕이 컸지. 그만큼 막중한 임무를 부여받은 나는 나라를 위해 내 모든 것을 바치리라 결심했어.

부모님은 우리 형제들의 이름을 중국 전설 속 위대한 통치자들의 이름에서 따와 지으셨어. 내 이름 '순신(舜臣)'은 요순 임금의 시대처럼 태평성대를 여는 신하가 되라는 뜻이었지. 그 뜻을 이루는 것이 내 사명이었어.

내가 있는 한 바다를 넘보지 못한다

100여 년에 걸친 내전을 끝내고 도요토미 히데요시가 일본을 통일했다는 소식이 들렸어. 전쟁의 스산한 기운이 바다를 건너오는 것 같았지. 조짐이 심상치 않자 나는 전쟁을 대비하기 위한 준비에 나섰어. 그중에는 야심찬 필승 프로젝트 하나가 있었어. 바로 거북선, 귀선(龜船)의 제작이었어. 판옥선에 거북이 등딱지 같은 철갑을 씌워 날카로운 철심을 촘촘히 박았어. 일본군이 배 갑판 위로 올라가 공격하는 전술을 잘 쓴다는 것을 알고 만든 거였지. 또 적에게 공포감을 주기 위해 입으로 화염을 뿜어내는 용머리를 앞에 달았어.

거북선 건조를 완료한 다음 날인 1592년 4월 13일. 예상대로 적들이 대규모 군대를 이끌고 조선에 쳐들어왔어. 그동안 철저히 준비해 왔기 때문에 첫 전투인 옥포 해전부터 압도적인 화력으로 완벽한 승리를 거뒀지. 이후 나는 노량 해전까지 23차례 크고 작은 해상 전투를 지휘해 전승을 거두는 신화를 써 내려갔어. 특히 12척 배로 10배가 넘는 적의 함대를 격파한 명량 대첩은 전 세계 해전의 역사를 다 뒤져 봐도 없을 대단한 승리였어.

승전의 기쁨 속 슬픔

하지만 그 과정이 쉽지만은 않았지. 비록 전투에서는 승승장구하고 있었지만 큰 아픔도 함께 겪어야 했어. 난리 통에 사랑하는 어머니께서 돌아가시고 금쪽 같은 셋째 아들도 전사하고 말았어. 게다가 시기와 모함을 받아 고문받고 투옥되기도 했지. 계급장 다 떼인 후 백의종군하는 일도 연이어 일어났지. 특히 내가 승진할 때 최종 승인을 해 줬던 선조가 나에게 열등감을 폭발시킬 때는 정말 미칠 것만 같았어. 나만 믿고 바라보는 백성들과 부하들이 없었다면 아마 그 괴로움의 무게를 견디지 못했을 거야. 비록 나는 노량 해전에서 불의의 흉탄을 맞고 쓰러졌지만 이 해전을 끝까지 승리로 이끌었고, 지긋지긋한 왜란도 끝이 났어.

인물의 결정적 한마디

> 66
>
> 석자 칼로 하늘에 맹세하니
> 천하가 다 떠는 도다
> 한 번 휘둘러 쓸어버리니
> 천하가 피로 물들리라
>
> 99

이 글은 나라를 지켜야 하는 사명을 받고 내 마음이 흔들리지 않도록 두 개의 장검에다 새겨 놓은 글귀야.

한 자 한 자 익히는 漢字

■ 船이 들어가는 한자어를 알아보아요.

船 배 선	長 길 장		배의 최고 책임자.
宇 집 우	宙 집 주	船 배 선	우주 공간을 비행하기 위한 비행 물체.
油 기름 유	槽 구유 조	船 배 선	기름을 운반하는 배.

곽재우

"나라를 지키기 위해 의병을 일으키다."

#하늘이_내린_의병장 #대쪽_정신_왕에게도_왜놈에게도_쫄지_않아
#빨간_갑옷의_승부사 #의병의_원조도_육지_최초_승리도_내가_기록
#상_대신_귀양이라니_근심은_잊어버려

임진왜란의 의병을 모으다

　나는 1585년 과거에 우수한 성적으로 급제했어. 그런데 당시 왕이었던 선조가 돌연 나의 합격을 취소해 버렸어. 내 답안지에 국왕의 심기를 건드린 표현이 있었던 거야. 어쨌거나 그 바람에 나는 시골로 내려와 남강과 낙동강이 합류하는 곳에 집을 짓고 평생 조용히 글공부나 하며 지내려고 했지. 그러던 중 임진왜란이 일어난 거야. 우리 관군은 왜놈들과 전투를 벌일 때마다 맥도 못 추며 나가떨어졌고 양반들은 다들 제 살 궁리를 하느라 정신없었지. 게다가 어이없게도 왕이란 자는 백성을 버리고 의주로 줄행랑쳐 버렸지 뭐야.

나라가 위기에 빠지면 선비는 붓을 놓고 칼을 들어야 한다.

대쪽 정신 남명 조식 선생님의 가르침이지.

피가 거꾸로 솟는 것 같고 분통이 터져 살 수가 없었어. 그래서 나는 임진왜란이 일어난 지 열흘이 채 되지 않아 의병을 모집하기 시작했어. 내가 모아 둔 재산에 아내와 자식들의 옷과 패물까지 다 팔아 군자금을 마련했지. 그리고 의령에서 의병을 일으켰어.

전력의 약세를 지략으로 뒤집어 놓다

나는 지형지물을 이용한 위장과 매복 등 변칙적인 게릴라전을 자주 펼쳤어. 정면 승부를 펼치기엔 전력과 물자가 열악했기 때문이었지. 나는 전투 때마다 붉은 비단으로 만든 옷을 입고 하늘에서 내려온 붉은 옷의 대장군이라는 뜻의 '천강홍의대장군(天降紅衣大將軍)'이라 쓴 깃발을 들었어. 그리고 늘 흰말을 타고 가장 위험한 선두에서 목숨을 아까워하지 않고 싸웠지. 이런 행동은 우리 부대의 자부심을 키우고 적들의 기세를 떨어뜨리려는 심리 전술이었어. 전략은 대성공이었어. '홍의장군' 깃발만 봐도 왜놈들이 잔뜩 겁을 집어먹고 꽁무니 빼기 바빴다나 뭐라나.

이러한 활약으로 민중들에게 인기가 높았지만 타협을 모르는 강직한 기질과 성격 때문에 안티들도 적지 않았어. 결국 미움을 받아 귀양을 가기도 했지. 난 유배에서 풀려난 후 현풍 비슬산에 망우정(忘憂亭)을 지었어. 그곳에서 세속의 근심 걱정을 잊으며 여생을 보냈지.

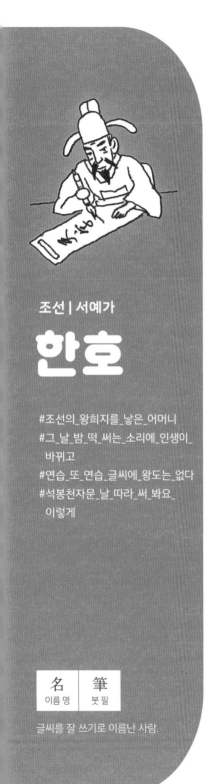

조선 | 서예가

한호

#조선의_왕희지를_낳은_어머니
#그_날_밤_떡_써는_소리에_인생이_
바뀌고
#연습_또_연습_글씨에_왕도는_없다
#석봉천자문_날_따라_써_봐요_
이렇게

名	筆
이름 명	붓 필

글씨를 잘 쓰기로 이름난 사람.

왕희지는 내 롤 모델

중국 명필(名筆)의 대명사, 왕희지라는 사람이 있어. 그는 글씨의 성인이라는 뜻인 서성(書聖)이라 불렸었지. 왕희지는 길을 갈 때나 앉아서 쉴 때조차도 손가락으로 붓글씨 연습을 했다고 해. 항상 글씨의 구조와 쓰는 법을 생각하면서 손가락으로 옷에 한 획 한 획 그렸다지. 얼마나 연습을 많이 했는지 나중에는 옷이 닳아서 구멍이 났다나. 글씨 연습을 마친 후에 붓과 벼루를 집 앞의 연못에서 씻으면 그 못의 물이 온통 다 검어졌다고 해.

나는 1543년 개성에서 태이났이. 사람들은 내 이름보다 식봉이라는 호를 더 많이 기억하고 있지. 난 어릴 때부터 붓글씨 신동의 기질을 보였어. 왕희지에게 글씨를 받는 꿈을 꿀 정도로 그를 동경했던 나는 왕희지처럼 오랜 시간 피나는 연습을 했지.

낳으시고 가르치시는 어머님 은혜

내가 조선에서 제일가는 명필이 될 수 있었던 것은 어머니의 영향이 컸어. 세 살 때 아버지가 돌아가시고 우리 집안의 형편은 말이 아니었어. 홀로 되신 어머니께서는 비가 오나 눈이 오나 이곳저곳을 떠돌아다니며 장사를 하셨어. 나는 집중 연습을 위해 절에 보내졌는데 어머니께서는 당신이 끼니를 거르는 한이 있더라도 내가 쓸 값비싼 종이와 붓, 벼루와 먹은 한 번도 떨어지지 않게 보내 주셨어.

절에 들어간 지 4년이 지나자 이만하면 더 이상 글씨 공부를 안 해도 될 만한 경지에 오르지 않았나 싶더라고. 어머니도 보고 싶고 해서 난 밤에 절에서 도망쳐 집으로 돌아왔어. 왜 돌아왔냐는 어머니의 질문에 더는 배울 것이 없다고 자신 있게 대답했지. 그러자 어머니께서는 솜씨를 비교해 보자며 대결을 제안하셨어. 그렇게 암흑 속에서 어머니는 떡을 써시고 나는 글씨를 썼어. 다시 불을 켰을 때 어머니의 떡은 일정한 크기로 잘 썰려 있었지만 내 글씨는 삐뚤빼뚤 엉망이었지. 자만을 부렸던 내 자신이 부끄러워졌고 다시 마음을 다잡고 글씨 공부에 전념할 수 있었어.

인기 절정 월드 클래스 서예가

나는 진사시에 합격하였지만 대과 급제는 하지 못했어. 그렇지만 내 필력을 인정받아 국가 주요 문서와 외교 문서를 기록하는 사자관으로 임명되었어. 그리고 우리나라 문서 공식 글씨체인 사자관체를 만드는 역할을 했지. 또 내가 쓴『석봉천자문』은 국민 학습지인 천자문 쓰기의 표본이 되었어.

한번은 중국으로 가는 사신 일행에 사자관으로 따라간 적이 있었거든? 그때 명나라의 최고 지식인들에게 글씨를 써 보였었는데 그 덕에 내 글씨가 국제적 명성을 얻게 되었지 뭐야. 나는 그들에게 동방 최고 명필이라는 극찬을 받았어. 이후 명나라 사신들은 물론 임진왜란 때 참전한 명나라 장수들까지 내 작품을 받으려고 줄을 섰었지.

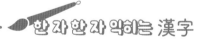

■筆이 들어가는 한자어를 알아보아요.

筆 붓 필	筒 대통 통			붓이나 필기구 따위를 꽂아 두는 통.
色 빛 색	鉛 납 연	筆 붓 필		여러 가지 색깔이 나게 만든 연필.
筆 붓 필	記 기록할 기	道 길 도	具 갖출 구	필기하는 데에 쓰는 여러 종류의 물건.

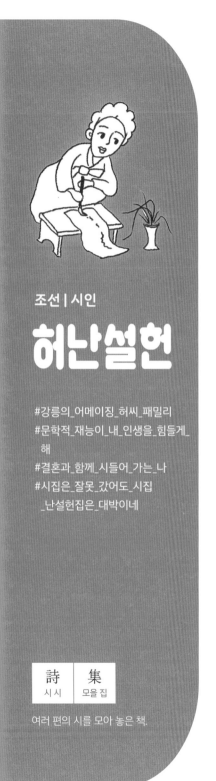

조선 | 시인

허난설헌

#강릉의_어메이징_허씨_패밀리
#문학적_재능이_내_인생을_힘들게_해
#결혼과_함께_시들어_가는_나
#시집은_잘못_갔어도_시집
_난설헌집은_대박이네

詩	集
시 시	모을 집

여러 편의 시를 모아 놓은 책.

내 혈관 속 글쟁이 DNA

내 고향은 강원도 강릉이야. 우리 집 식구들은 하나 같이 대단했지. 우리 아버지 허엽께서는 조선을 대표하는 지성 서경덕, 이황 선생의 제자요, 정계의 거물이셨어. 호는 초당이신데 초당 두부라고 들어 봤지? 그 초당 두부를 만드신 분이 우리 아버지셔. 뛰어난 문장가로 이름을 날린 오빠 허봉부터 『홍길동전』을 지은 남동생 허균까지, 우리 집 사람들은 모두 글 쓰는 능력이 타고 났었지.

나 또한 글쟁이의 피가 흘렀어. 여자인 내게도 아버지께서는 직접 글과 글씨, 그림을 가르쳐 주셨어. 또한 허봉 오빠가 나와 균이에게 소개시켜 준 최고의 시인 이달 선생님으로부터 시를 배웠어. 이것은 내가 훗날 동북아시아 최고의 여류 시인이라고 불리게 된 자산이 되었지.

결혼, 행복 끝 불행 시작

돌이켜 보면 열다섯 살까지는 참 행복했어. 나를 믿어 주고 응원해 주는 가족들의 사랑을 듬뿍 받으며 시의 세계에서 맘껏 노닐 수 있었거든. 그러나 열다섯 살에 시집을 가면서 내 인생은 슬픔으로 채워지기 시작했어. 남편은 늘 집 밖으로 나 돌았고 시어머니마저 나를 몹시 미워하고 구박했어. 그러던 중 열여덟 살 때 큰 산 같던 우리 아버지가 돌아가시고 스무 살 때는 금지옥엽으로 키우던 딸이 죽는 슬픔을 겪었어. 이듬해에는 아들마저 잃었어. 그 견디기 힘들었던 험한 세월을 오로지 시를 지으며 버텨 왔는데. 스물여섯 살 때 다시 나의 몸과 맘이 무너지는 시련을 겪었어. 인생의 멘토, 허봉 오빠가 돌아가셨기 때문이야. 절망적인 어둠 속에서 일 년 후, 나도 한 많은 세상을 떠났지.

동생이 건진 나의 시들

거듭되는 시련에 건강을 잃고 쇠약해져만 갔을 때, 나는 그동안 지었던 수많은 시들을 몽땅 다 태워 버렸어. 그러자 동생 균이가 허겁지겁 달려와 남은 시들을 챙겨 갔지. 내가 죽고 난 후 동생은 그 시들과 자기가 외워 둔 것들 모아서 명나라 사신에게 보여 주었어. 이를 계기로 유고 **시집**(詩集) 『난설헌집』이 출간된 거야. 이 책은 해외 반응도 뜨거워서 명나라뿐 아니라 청나라에서까지 대단한 인기를 끌었지. 스테디셀러가 된 이 책은 일본에도 전해져 사랑받았다고 해.

꼬리에 꼬리를 무는 인물

문신 | 허균

내 동생 허균은 26세에 과거에 급제해 벼슬길에 올랐어. 하지만 이런저런 사건에 휘말려 유배를 당하는 등 어려움을 많이 겪었지. 균이는 유교 외에도 다양한 사상을 받아들였고 소외된 이들도 친구로 지내며 세상을 바꾸기 위한 정치에 관심을 많이 가졌어. 그 개혁의 의지를 담은 것이 바로 소설 『홍길동전』이야.

어린 시절이 난초(蘭) 향기 같았다면, 시집 생활은 눈(雪)보라 들이치는 집(軒)에 사는 듯 고달팠어요.ㅜㅜ

한 자 한 자 익히는 漢字

■ 詩가 들어가는 한자어를 알아보아요.

詩 시 시	人 사람 인		시를 전문적으로 짓는 사람.
漢 한수 한	詩 시 시		한문으로 이루어진 시.
自 스스로 자	由 말미암을 유	詩 시 시	정하여진 형식이나 운율에 구애받지 아니하고 자유로운 형식으로 이루어진 시.

조선 | 왕

광해군

#백성을_버리고_달아나는_아버지
#18세_왕자_국가_위기_구원_
_투수로_등판하다
#후금은_후덜덜하다
#중립_외교로_실리를_추구하자

外	交
바깥 외	사귈 교

국제 사회에서 자국의 목적 달성을
위해 외국과 관계를 맺는 일.

임진왜란을 정면 돌파로 극복하자

그해 초여름, 곳곳에서 백성들이 몰려와 왕의 행차에 온갖 욕과 야유를 퍼부어 댔고 더러는 땅을 치며 통곡했어. 임금이 자신들을 버리고 일본군을 피해 도망치고 있는 것이니 그들의 분노와 절망은 이해가 되고도 남아. 이 난리 통에 아버지 선조께서는 나에게 임진왜란이란 비상사태를 수습하는 임무를 맡기시면서 나를 세자로 책봉하셨어.

국가적 위기 속에 나의 역량이 시험대에 오른 거야. 나는 빈틈없이 임무를 수행하기 위해 밤낮없이 전국을 샅샅이 돌아다녔어. 민심을 다독이는 동시에 군량미와 무기를 마련하고 군사들을 격려했지. 이런 과정에서 백성들로부터 큰 신뢰를 얻어 지지율이 치솟았어. 그러던 중 아버지가 갑작스레 병으로 돌아가셨고 1608년 나는 조선의 제15대 왕이 되었어.

중립 외교만이 조선의 살길이다

7년간 온 나라가 쑥대밭이 되는 참혹한 전쟁을 겪으며 굳게 결심한 것이 하나 있었어. 우리 조선 땅에 다시는 전쟁이 일어나지 않게 하는 것. 그러기 위해서는 중립 **외교**(外交)만이 답이라고 생각했지.

여진족이 후금이라는 나라를 세우고 명나라를 압박하자 명나라는 조선에게 군대를 요청했어. 큰 딜레마였지. 왜란 때 도움을 준 명나라의 요청을 외면할 수 없었지만 신흥 강대국 후금의 신경을 건드리게 된다면 큰 화를 당할 것 같았거든. 이런저런 핑계를 대며 최대한 출병을 미루다가 강홍립을 대장으로 세워 군대를 보냈어. 강홍립은 내가 시킨 대로 일단 명나라 진영에 합류해 후금과 적당히 전투를 벌이다 후금에 항복했어. 그리고 조선은 명나라의 요구 때문에 어쩔 수 없이 군대를 이끌고 온 것일 뿐 후금과 싸울 뜻이 없다는 메시지를 전달했지. 우리의 뜻을 알고 후금은 강홍립을 인질로 남겨 두고 조선 군대를 무사 귀국하게 해 주었어.

넘을 수 없던 현실의 벽

이로써 명나라와 후금 사이에서 명분과 실리, 두 마리 토끼를 다 잡은 뛰어난 외교술을 펼쳤다고 생각했는데 그건 내 착각이었어. 오랑캐 후금에 항복하여 은인인 명나라의 뒤통수를 쳤다며 조정이 아주 발칵 뒤집어졌거든. 결국 빛나는 중립 외교로 공로를 높이 평가받기는커녕 서인들이 일으킨 인조반정으로 왕위에서 쫓겨나고 말았지.

왜란 때 불타 버린 궁궐을 수리하고, 대동법으로 민생을 위한 재원을 확보한 나의 업적을 기억해 주는 사람들은 거의 없어. 내가 명나라를 섬기지 않고 후금 편에 선 게 그 허울 좋은 대의명분에 어긋나서 꼴 보기 싫었던 것이겠지. 결국 난 왕의 이름도 얻지 못한 비운의 왕으로 역사에 남게 되었어.

후금

후금은 여진족 누르하치가 중국에 세운 나라로 명나라가 쇠퇴할 때 동아시아의 새로운 강자로 떠올랐지. 나중에는 나라 이름을 청으로 바꿨어. 그러니까 후금=청나라. 헷갈리지 마.

한 자 한 자 익히는 漢字

■ 交가 들어가는 한자어를 알아보아요.

交 사귈 교	際 즈음 제			서로 사귀어 가까이 지냄.
交 사귈 교	集 모을 집	合 합할 합		공통의 원소를 가지는 집합.
物 물건 물	物 물건 물	交 사귈 교	換 바꿀 환	물건과 물건끼리 서로 바꿈.

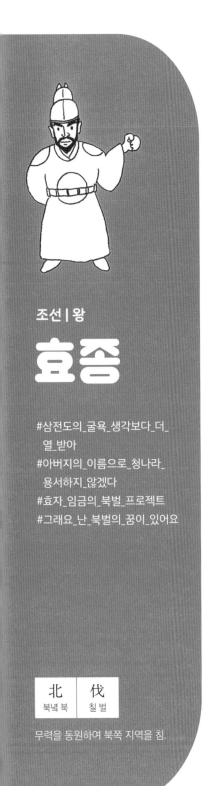

조선 | 왕

효종

#삼전도의_굴욕_생각보다_더_
  열_받아
#아버지의_이름으로_청나라_
  용서하지_않겠다
#효자_임금의_북벌_프로젝트
#그래요_난_북벌의_꿈이_있어요

北	伐
북녘 북	칠 벌

무력을 동원하여 북쪽 지역을 침.

오랑캐 청나라에게 항복하다니

"아홉~."

눈꼬리가 위로 치켜 올라간 청나라 신하가 거들먹거리며 소리쳤어.

"쿵."

아버지 인조의 이마가 깨져 피범벅이 되었어. 그 광경을 지켜보면서 얼마나 가슴이 아프고 분하던지 나도 모르게 이를 부득부득 갈았지. 이 장면은 내 평생 하루도 잊어 본 적이 없어.

우리 아버지 인조는 청나라와 명나라 사이에서 중립 외교를 했던 광해군을 몰아내고 왕이 되셨어. 그렇기 때문에 아버지 인조는 청나라를 배척하고 명나라를 따르셨지. 광해군을 쫓아낸 명분을 지켜야 했으니까. 하지만 이건 중대한 판단 미스였어. 그 결과 병자호란이라는 엄청난 재난을 불러오고 말았거든. 절대적으로 약세였던 우리 전력으로는 막강한 신예 청나라 군대를 당해 낼 재간이 없었어. 결국 남한산성까지 도망갔던 아버지께서는 굴욕적인 항복을 하셨지. 항복의 의미로 삼전도에서 청나라 황제 태종에게 세 번 절하고 아홉 번 머리를 땅에 찧는 삼배구고두(三拜九叩頭)를 행했던 거야. 이때의 일을 삼전도의 굴욕이라고 해.

형 소현 세자와 나 봉림 대군은 180도 달라

이후 조선은 청나라의 신하 나라가 되었고 수십 만 명의 백성들이 청나라로 끌려갔어. 형 소현 세자와 나 봉림 대군도 청나라의 수도 심양에 인질로 잡혀갔지. 치욕을 겪으셨던 아버지께서는 세자가 오랑캐에 저항하여 끝까지 절개를 지키길 바라셨어. 하지만 형은 청나라와 타협했고 오히려 청나라가 받아들인 서양의 기술과 학문에 심취하여 이를 조선에 전파할 생각이었지. 이것은 아버지의 철학과 정치적 기반을 흔드는 것이었어. 아버지는 그런 형을 불효자라고 말씀하시며 아주 못마땅해하셨어.

나는 아버지의 피맺힌 한을 풀어 드리기 위해 철저히 아버지 뜻을 따랐어. 그리고 오랜 인질 생활을 하고 돌아온 형 소현 세자가 갑자기 의문사하자 둘째인 내가 왕이 되었지. 나는 스승인 송시열과 함께 **북벌**(北伐)을 국정 운영의 큰 틀로 삼았어. 군사 조직을 개편하고 훈련을 강화하는 등 구체적인 청나라 정벌 플랜을 짰지. 그러나 비용 등의 문제로 반대하는 신하들이 많았고 송시열과 방법론에서 의견 차이가 생기면서 어려움을 겪었어. 그러던 중 안타깝게도 내가 얼굴의 종기를 치료받던 중 갑작스럽게 세상을 뜨고 말았어. 아버지의 뜻이자 내가 밤낮으로 꿈꾸던 북벌 계획도 무산되어 버렸지.

꼬리에 꼬리를 무는 인물

문신 | 송시열

나의 스승, 송시열 선생님과의 인연은 내가 청나라로 끌려가면서 끊어져 버렸지. 13년 후 내가 왕위에 오르면서 우리는 다시 만났고 선생님은 나의 북벌 파트너가 되셨어. 나는 장차 눈보라 치는 청나라 땅을 달릴 때 함께 입자며 털옷을 선물하기도 했지. 하지만 나는 뜻을 이루지 못한 채 금방 죽고 말았어. 선생님께서는 나의 제삿날이 되면 그 털옷을 보며 슬퍼하셨다고 해.

북학!!!

VS

북벌!!!

서양 문물을 받아들인 청나라의 발전을 배워야 합니다.

청나라는 오랑캐, 아버지의 철천지 원수. 백 배 천 배로 보복하자.

우리 둘째가 효자군.

장남 ◁ 소현 세자 ▷

차남 ◁ 봉림 대군 ▷
ㄴ 훗날 孝宗

한 자 한 자 익히는 漢字

■ 北이 들어가는 한자어를 알아보아요.

北 북녘 북	韓 나라 한		남북으로 분단된 대한민국의 휴전선 북쪽 지역을 가리키는 말.
北 북녘 북	極 다할 극	星 별 성	작은곰자리의 가장 밝은 별로 방위 및 위도의 길잡이가 됨.

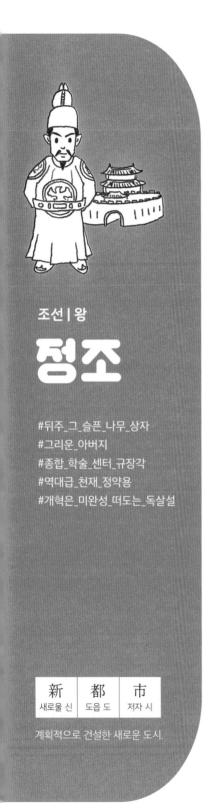

조선 | 왕

정조

#뒤주_그_슬픈_나무_상자
#그리운_아버지
#종합_학술_센터_규장각
#역대급_천재_정약용
#개혁은_미완성_떠도는_독살설

新	都	市
새로울 신	도읍 도	저자 시

계획적으로 건설한 새로운 도시.

아버지를 죽인 할아버지

"할바마마!! 제발 아버지를 살려 주세요. 제발요."

아버지는 평소 운동과 무예 연마를 즐기시던 건장한 분이셨어. 그 활달하고 자유로운 영혼을 가지신 분이 좁아터진 뒤주에 갇혀 계셨으니 얼마나 괴로우셨을까. 언젠가부터 아버지께서는 심각한 조울증 증상을 보이셨어. 그 원인이 할아버지 영조의 잘못된 교육법 때문이었다는 건 어린 내가 봐도 알 수 있었어. 결국 아버지는 할아버지의 정신적 학대와 정치적 이해관계의 희생양이 되신 거야.

그때 열한 살이었던 나는 눈물 콧물로 뒤범벅이 된 얼굴로 목이 터져라 할아버지께 아버지를 살려 달라고 울부짖었어. 날 보면 언제나 미소를 지으며 예뻐하시던 할아버지는 폭염 속에도 얼음장마냥 차가운 표정이셨지. 결국 아버지는 뒤주에 갇힌 지 8일 만에 돌아가셨어. 너무 무섭고 끔찍한 기억이야. 할아버지 영조께서 다스리던 때는 조선이 정치, 사회적으로 안정기를 누리던 때였어. 할아버지가 83세로 돌아가시고 나는 조선의 제22대 왕이 되었어.

조선의 르네상스를 열다

나는 아버지 몫까지 열심히 해서 성군의 길을 가겠노라 굳게 결심했어. 그 실천으로 먼저 규장각을 설치했지. '규장(奎章)'이란 별처럼 빛나는 문장 즉 역대 왕들의 글과 글씨를 말해. 그곳은 왕실의 자료들과 중국에서 보내온 서적들을 보관하는 왕실의 도서관이었어. 80만 자의 활자를 개발하고 많은 서적을 간행했지. 또 젊고 유능한 정치 엘리트들을 길러내는 역할도 했어.

또한 노비 제도를 개혁했고 할아버지의 대표 정책인 탕평책을 계승하고 발전시켜서 당파나 신분에 구애받지 않고 참

신하고 유능한 인재를 등용했어. 더불어 토지 개혁, 국방력 강화, 상공업 진흥, 실학자 양성뿐 아니라 문학, 음악, 미술 등에도 지원을 아끼지 않았지. 그래서 나와 할아버지 때에 조선의 르네상스를 이루었다는 평가를 듣기도 해.

내 업적의 하이라이트, 화성 건설

아무래도 나의 업적 중의 하이라이트는 수원 화성을 축조한 것이겠지? 1789년 아버지의 무덤을 수원으로 옮기고 1794년 수원 화성 **신도시**(新都市) 건설 계획을 발표했어. 나는 아버지의 무덤이 있는 수원으로 수도를 옮기고자 했지. 자급자족이 가능한 행정 수도 건설을 목표로 치밀한 계획을 세우고 실천해 나갔어. 하지만 워낙 혁신적인 개혁이어서 신하들의 반대가 만만치 않았어. 그렇게 난 49세에 개혁을 완성하지 못한 채 세상을 떠나고 말았지. 그래도 정성 들여 지은 화성이 지금은 유네스코 세계 문화유산으로 지정되어 많은 사람들이 찾는다고 하니 고생한 보람이 있는 것 같아 뿌듯해.

탕평책

조선 후기에는 신하들끼리 무리를 짓고 편을 갈라 자기들만의 이익만 좇는 붕당 정치가 심했어. 이에 영조께서는 이런 붕당 정치가 왕권을 약하게 만들고 조선을 망하게 한다고 생각하시고 붕당 간의 싸움을 억누를 수 있는 강력한 정책을 실시하셨어. 그것이 탕평책이야. 영조께서는 여러 당파 중 능력 있는 인물들이 골고루 뽑아 여러 개혁 정치를 실행하셨어.

한 자 한 자 익히는 漢字

■ 市가 들어가는 한자어를 알아보아요.

市 저자 시	場 마당 장			여러 가지 상품을 사고파는 장소.
廣 넓을 광	域 지경 역	市 저자 시		상급 지방 자치 단체의 하나.
市 저자 시	民 백성 민	革 가죽 혁	命 목숨 명	봉건 제도를 타파하여 자본주의 체제를 확립한 사회 혁명.

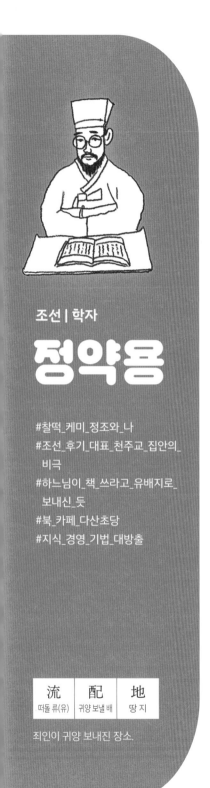

조선 | 학자

정약용

#찰떡_케미_정조와_나
#조선_후기_대표_천주교_집안의_
비극
#하느님이_책_쓰라고_유배지로_
보내신_듯
#북_카페_다산초당
#지식_경영_기법_대방출

流	配	地
떠돌 류(유)	귀양 보낼 배	땅 지

죄인이 귀양 보내진 장소.

책 쓰는 게 제일 쉬웠어요

'세상에서 정약용의 책을 다 읽어 본 사람은 단 한 사람 밖에 없다. 그 사람은 정약용이다.' 이런 말을 들어 본 적 있니? 그럴 만도 한 게 내가 쓴 책이 대략 500여 권이거든. 나는 유학뿐 아니라 건축, 기계 공학, 과학, 천문학, 농학, 지리학, 의학, 문학, 정치학, 경제학, 신학, 교육학 등 세상 거의 모든 학문을 연구했어.

나는 1783년 진사 시험에 합격해 성균관 유생이 되었는데 이때 정조 임금과의 운명적 만남이 이루어졌어. 왕께서는 나의 시험 답안지를 본 후 나를 무척 총애하기 시작하셨지. 그렇게 개혁의 아이콘 정조의 유별난 관심을 받으며 나는 28세 때 문과에 급제했어. 그리고 뛰어난 인재를 뽑아 임금께 올려드리는 연구직 신하인 규장각 초계문신이 되었지.

화성 축조에도 빛난 나의 건축 공학 기술

1794년 정조의 화성 신도시 건설에 참여하게 되면서 내 학문적 포텐이 제대로 터졌어. 이때 무거운 건축 재료들을 들 수 있는 기구인 거중기(擧重器)를 발명했거든. 이건 당초 10년이 예상되던 공사 기간을 2년 9개월로 단축하고 4만 냥의 공사비를 절감하는 효과를 가져왔어. 이런 과정을 지켜본 정조는 나를 단순히 신하가 아니라 자신의 이상을 실현시켜 줄 최고의 파트너로 생각했던 것 같았어. 국왕의 절대적인 신임을 등에 업은 나의 미래는 누가 봐도 탄탄대로였지.

귀양살이의 고달픔 학문으로 달래며

하지만 곧 어두운 그림자가 드리웠어. 정조 앞으로 우리 형제들을 내치라는 상소가 연이어 올라왔거든. 우리 형제들이 천주교 신자가 된 게 화근이었어. 당시 조선에서는 천주교의 평등 사상이 조선의 신분 질서를 위협할 수 있다는 우려와 천주교인들이 제사를 지내지 않는다는 사실 때문에 천주교를 박해하고 있었거든. 게다가 나의 든든한 버팀목이 되어 주던 정조께서 의문의 죽음을 당하는 일까지 벌어졌어. 말 그대로 하늘이 무너지는 슬픔과 절망을 느끼며 나는 다시는 관직에 나가지 못했어.

그때부터 무려 18년 동안 척박한 **유배지**(流配地) 전라도 강진에서 혹독한 귀양살이를 하게 되었어. 유배 생활은 희망이 보이지 않고 고단하기 이를 데 없었으나 집중하여 공부하는 데는 최고의 조건이기도 했어. 강진 만덕산 자락에 내 호를 딴 다산초당을 짓고 본격적으로 제자들을 가르치고 학문을 연구하기 시작했지. 나의 대표작『목민심서』, 『경세유표』, 『아방강역고』 등이 대부분 이 시기에 저술되었어.

꼬리에 꼬리를 무는 인물

학자 | 정약전

정약전은 나의 둘째 형이야. 그는 과거에 급제해서 초계문신과 병조좌랑을 지냈었어. 그러다 천주교 신자가 되면서 흑산도로 유배를 가게 되었어. 그는 바닷가에 지내면서 우리나라의 어류들에 관한 책을 쓰기도 했지. 그것이 바로 『자산어보』야.

한 자 한 자 익히는 漢字

■ 地가 들어가는 한자어를 알아보아요.

地 땅 지	圖 그림 도		지구 표면의 상태를 일정한 비율로 줄여, 기호로 나타낸 그림.
地 땅 지	層 층 층		암석이 여러 겹의 층으로 쌓여 있는 것.
植 심을 식	民 백성 민	地 땅 지	다른 나라에 예속되어 국가로서의 주권을 상실한 나라.

조선 | 기업인

김만덕

#기녀_생활_이제_그만
#믿고_쓰는_종합_유통_주식회사_
 만덕
#제주에_강림한_기부_천사
#금강산_포상_여행
#제주_여인들에게_희망을

寄	附
보낼 기	부칠 부

다른 사람이나 단체를 돕기 위해
돈이나 물건 등을 대가 없이
내놓는 일.

고아에 기녀였던 어린 시절

우리 아버지께서는 전라도 나주와 제주를 오가며 장사하던 유능한 비지니스맨이셨어. 하지만 내가 겨우 11세 되던 해에 나주에서 돌아오던 중 큰 풍랑을 만나 돌아가셨지. 우리 엄마도 그 충격 때문에 시름시름 앓으시다가 이듬해에 세상을 떠나셨어. 나는 졸지에 오갈 데 없는 고아 신세가 되어 버린 거야. 도무지 먹고 살 길이 없었기에 나를 돌봐 준 늙은 기녀 할머니의 몸종 일을 하며 기녀가 되었어. 나는 빼어난 미모와 여러 가지 재능 덕에 도내에 명성이 자자한 기녀가 되었지. 그리고 스무 살이 되자 그동안 벌렀던 일을 추진했어. 관에 탄원하여 기녀 명부에서 빠지고 양민 신분을 회복한 거야.

진실과 신뢰로 이룬 성공

나는 아버지께서 하시던 일에서 영감을 받아 객주를 차렸어. 객주는 남의 물건을 맡아 팔거나 흥정을 붙여 주며, 상인들을 재워 주는 일을 하는 곳이야. 자연스레 출입하는 상인들을 보며 실물 경제에 대한 감과 물건의 유통 과정을 익힐 수 있었어. 그래서 난 사업을 확장하여 제주 특산물인 약재, 해산물, 말총, 갓의 재료 등을 육지의 쌀과 옷감, 장신구, 화장품과 교환하여 판매하기 시작했지.

그러나 고아에 기녀였던 내 출신, 여자라는 성의 장벽, 소외된 섬 제주 토박이라는 한계가 사사건건 사업의 발목을 잡았어. 하지만 나만의 세 가지 원칙을 지키며 핸디캡을 극복하고자 했어. 그 원칙은 이윤은 적게 남기고 많이 팔기, 제값 주고 사고 팔기, 정직하기였어. 시간이 지나면서 이 노력들이 인정받기 시작했고 큰 돈을 벌 수 있었지.

제주의 기부 천사, 만인에게 베푼 덕

1792년, 제주에 대흉년이 들어 굶주려 죽는 사람들이 잇따라 나왔어. 당시 제주도 인구가 6만 4천 명 정도였는데 1만 8천 명이 죽었으니 말 다했지. 조정에서는 긴급 구호 활동으로 쌀을 보냈으나 엎친 데 덮친 격으로 쌀을 실은 배가 풍랑으로 침몰하는 사고가 발생했어. 이 소식에 제주 사람들은 울부짖기 시작했지. 그 광경을 목격하고 마음이 뜨거워진 나는 재산 천금을 **기부**(寄附)했어. 그 돈으로 배를 마련하고 육지에서 곡물 500석을 사들여 나누어 줬지.

이러한 나의 선행은 조정에 보고되었고 정조도 크게 감명을 받았었나 봐. 내 소원이 무엇인지 물었거든. 나는 자식도 없고 인생에 더 바랄 것도 없지만 금강산은 한 번 가 보고 싶다고 답했어. 150년 전부터 제주도 사람들은 조정의 허가 없이 육지로 나가는 것이 금지되어 있었거든. 나의 바람대로 조정의 에스코트를 받으며 서울에 올라가 궁궐을 구경하고 금강산까지 유람할 수 있었어. 그러자 전국적으로 내 이름이 알려졌고 특히 서울에서는 나의 이야기가 톱뉴스가 되었지.

■ 寄가 들어가는 한자어를 알아보아요.

寄 보낼 기	與 더불 여		도움이 되도록 이바지함.
寄 보낼 기	贈 줄 증		선물이나 기념으로 남에게 물품을 거저 줌.
寄 보낼 기	生 날 생	蟲 벌레 충	다른 동물체에 붙어서 양분을 빨아 먹고 사는 벌레.

조선 | 학자

박지원

#거리로_나간_아픈_청춘
#종로_실학_동호회
#나는_자연인이다_연암_정착기
#금서가_된_베스트셀러_열하일기
#길_위의_인생_걷기를_마치다

旅	行
나그네 려(여)	갈 행

일이나 유람을 목적으로
다른 고장이나 외국에 가는 일.

종로 거리의 실학자들

우리 집안은 당시 집권 세력인 노론의 핵심 명문가였어. 하지만 1760년 나를 거둬 주시던 할아버지께서 돌아가시자 내 생활은 곤궁해져 갔어. 변변한 유산도 없이 떠돌이 신세로 툭하면 이사를 다녀야만 했지. 대신 폭넓은 공부와 지식인들과의 교류로 학문적 명성이 높았었어. 나의 30대는 지금의 종로인 운종가에서 보냈는데 그곳에서 이덕무, 유득공, 이서구, 박제가 등 쟁쟁한 실학자 선비들을 알게 되었어.

정조가 즉위하자 왕의 최측근이었던 홍국영이 나를 비롯한 노론 가문의 자제들을 성조 반대 세력으로 살벌하게 몰아붙이기 시작했어. 내가 국가 통치 이념인 유교를 정면으로 비판한 실학, 그중에서도 가장 진보적인 북학파를 대표했기 때문이었어. 생명의 위협을 느낀 나는 멀리 황해도 금천의 오지, 연암으로 숨어 들어가 자연인으로 살았어. 그리고 내 호도 연암으로 지었지. 기세등등하던 홍국영이 정치판에서 쫓겨난 후에야 다시 고향 서울로 돌아올 수 있었어.

청나라 황제 칠순 잔치에 가다

그러던 중 내 인생을 바꿔 놓은 엄청난 행운이 찾아왔어. 청나라 사신단의 일행이 된 것이야. 곧 청나라 황제 건륭제의 70세 생일이라 조선 정부에서 연경으로 축하 사절단을 보냈거든. 그 사절단 일행에 내 팔촌 형님 박명원이 임명되었고, 나는 형님의 개인 비서 자격으로 참여할 수 있었지.

6월에 압록강을 건너 8월 초에야 연경에 도착했어. 여행길은 한여름 폭염과 높은 습도로 고됐어. 특히 나는 몸집이 커서 더위를 많이 탔었거든. 그렇게 힘들게 연경에 도착했는데 어이없게도 황제가 휴가를 떠났다는 거야. 휴가 간 곳은 황제의 휴양 시설 행궁이 있는 승덕이란 곳이었어. 그곳에는 풍광이 아름답고 한겨울에도 강이 얼지 않는 열하(熱河)가 있었지. 우리 일행은 황제 생일에 맞추기 위해 열하로 급히 달려가야만 했어.

북학 사상을 『열하일기』에 담아

황제를 만나기까지 이동한 거리는 압록강에서 연경까지 2,300리, 연경에서 열하까지 700리였어. 위험하고 살인적인 강행군에 몸은 파김치가 되었지만 세계 최고 선진국이었던 청나라를 속속들이 들여다볼 절호의 찬스이기도 했지. 천운으로 여기고 꼼꼼하게 다이어리에 **여행**(旅行) 기록을 남겼어. 이것이 바로 훗날 세계 최고의 여행기로 평가받는 『열하일기』야. 오랑캐가 세웠다고 무시했던 청나라는 직접 가 보니 고도로 발달된 세계적인 문명국이었어. 그에 비해 유교적 명분론에 갇혀 후진성을 벗지 못하고 있던 우리 조선의 현실이 답답하기만 했지. 조선에 출간된 『열하일기』는 젊은 지식인들을 매료시키며 단번에 베스트셀러에 등극했어. 기존 사회 체제를 비판한 나의 자유분방하고 호쾌한 문체 때문이었지.

1리

'리'는 거리를 세는 단위로 1리는 약 4km라고 보면 돼. 내가 이동한 거리가 총 3,000리 정도니까 대략 1,200km를 걸은 셈이지.

한자 한자 익히는 漢字

■ 行이 들어가는 한자어를 알아보아요.

行 갈 행	星 별 성		해의 둘레를 각자의 궤도에 따라서 돌아다니는 별.
平 평평할 평	行 갈 행	線 줄 선	같은 평면 위에 있는 둘 이상의 평행한 직선.
行 갈 행	方 모 방	不 아니 불 · 明 밝을 명	간 곳이나 방향을 모름.

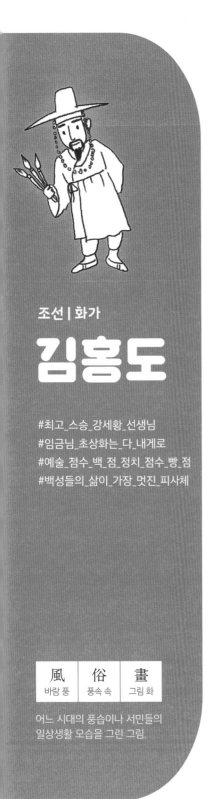

조선 | 화가

김홍도

#최고_스승_강세황_선생님
#임금님_초상화는_다_내게로
#예술_점수_백_점_정치_점수_빵_점
#백성들의_삶이_가장_멋진_피사체

風	俗	畫
바람 풍	풍속 속	그림 화

어느 시대의 풍습이나 서민들의
일상생활 모습을 그린 그림.

강 선생님의 은혜는 하늘 같아서

나는 젖니를 갈 무렵부터 그림을 배웠는데 스승님이 보통
분이 아니셨어. 경기도 안산의 유명 문인이자 화가인 강세황
선생님이셨거든. 그분은 나의 스승이자 평생의 예술 동지였
어. 나는 선생님의 추천으로 그림 그리는 일을 담당하던 관청
인 도화서에서 일하게 되었지. 당시 미술학도들에게는 꿈의
직장이던 도화서에서 일하며 20대 초반에 최고 실력을 가진
궁중 화원으로 이름을 날렸어. 어느 정도였나 하면 영조의 71
세 생일을 축하하기 위한 대대적인 잔치에 내가 기념 병풍을
그렸을 정도? 그뿐 아니라 29세 뇌던 해에는 영조와 세자였
던 정조의 초상화도 그렸어.

그림 실력 하나로 출세

나는 호를 '단원'이라고 지었는데 이는 롤 모델이었던 명
나라의 문인 화가 이유방의 호를 따라 지은 것이야. 37세 되
던 해에는 정조의 초상을 그린 보상으로 안동의 안기 찰방이
란 벼슬을 받았어. 종6품의 낮은 관직이었지만 우리 같은 중
인 예술가들로서는 더없는 영광이었어. 나중에는 정조 초상
화 작업의 공로로 충청도 연풍 현감이 되었는데 중인 계급이
오를 수 있는 최고 자리였지.

백성들 삶 속에서 찾은 미학

하지만 나는 악기 연주를 즐기고 시 짓고 그림 그리는 것을
좋아하는 자유로운 영혼이라 당최 벼슬살이가 체질에 맞지
않았던 것 같아. 그래서 3년 만에 파직되고 평민으로 돌아와
자유롭게 내가 그리고 싶은 그림들을 그렸어. 특히 우리 민족
의 정서와 정취가 짙게 배인 백성들의 일상생활을 많이 그렸
지. 아마 내 **풍속화**(風俗畫)는 다들 한 번쯤 봤을 거야. 대표적

인 작품으로는 「서당」, 「씨름」, 「벼 타작」 등이 있지. 이 그림들로 당시 서민들의 삶을 확인할 수 있어서 나의 『풍속화첩』은 매우 높은 평가를 받고 있지. 그렇다고 나의 작품 세계가 풍속화 한 분야에만 집중된 것은 아니야. 기록화, 산수화, 인물화, 신선도, 화조도 등 그림의 모든 분야에 걸쳐 폭넓고 독특한 나만의 작품 세계를 구축했으니 말이야.

꼬리에 꼬리를 무는 인물

화가 | 신윤복

나와 같은 도화서 화원이었던 혜원 신윤복. 그는 상류 사회의 풍속도와 기녀들의 그림을 잘 그렸어. 섬세하고 유려한 필선과 아름다운 채색이 그만의 독특한 화풍이었지. 나와 더불어 조선 후기 풍속화를 개척한 대표적인 화가로 칭송받고 있어.

한 자 한 자 익히는 漢字

■ 俗이 들어가는 한자어를 알아보아요.

俗 풍속 속	談 말씀 담		예로부터 민간에 전하여 오는 쉬운 격언.
俗 풍속 속	世 인간 세		옛날부터 전해 오는 생활 전반에 걸친 습관 따위를 이르는 말.
民 백성 민	俗 풍속 속	村 마을 촌	고유한 민속을 간직하고 있는 마을.

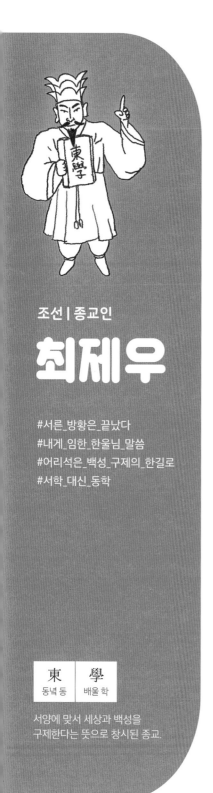

조선 | 종교인

최제우

#서른_방황은_끝났다
#내게_임한_한울님_말씀
#어리석은_백성_구제의_한길로
#서학_대신_동학

東	學
동녘 동	배울 학

서양에 맞서 세상과 백성을
구제한다는 뜻으로 창시된 종교.

서른, 큰 뜻을 깨닫다

불국사의 종소리가 들리는 천년 고도 경주에서 나는 1824년에 태어났어. 어려서부터 총명하여 유교 경전과 역사책들을 열심히 공부했는데 열일곱 살 때 아버지가 돌아가시면서 가세가 크게 기울었어. 그때부터 먹고살기 위해 이곳저곳 떠돌아다니며 장사는 물론이고 의술이나 점술까지 익혀서 닥치는 대로 돈을 벌었어. 또 무술을 익혀 무과 시험을 보려고도 했었지.

고뇌와 방황의 시절을 보내다 30대가 되면서부터 나는 점점 철학적 고민에 빠지기 시작했어. 산다는 것이 무슨 의미인지, 세상이 흥하고 망하는 것의 원리가 어떤 것인지 알고 싶어졌어. 그래서 진리를 얻기 위한 수행을 시작했고, 당시의 혼란스러운 국제 정세와 조선 내부의 상황을 극복할 수 있는 유일한 희망은 한울님의 뜻이란 걸 깨달았지.

오라 동학으로, 가자 새 세상으로

1860년 음력 4월, 수양하던 중에 하늘이 밝게 빛나는 신비한 환상을 보았어. 한울님의 목소리도 들렸지. 이것이 우리 민족 고유 종교인 동학이 시작되는 역사적인 순간이었지. 이후 나는 동학 이론을 세우기 위해 경전인 『동경대전』을 짓고 동학 사상을 세상에 전파하기 시작했어.

나는 세상의 종말이 가까웠기에 새로운 세상을 창조해야 한다고 판단했어. 그즈음 조선은 정치, 사회적으로 수탈과 착취가 심해 농민 봉기가 빈번히 일어나는 등 불안 수치가 극도로 높은 때였거든. 특히 천주교를 비롯해 세력이 커지고 있는 서구 문명에 대해 심각한 위기 의식을 갖게 되었어. 그래서 서양에 대항하여 세상과 백성을 구제하고자 동학(東學)을 창시했지. 동학은 예부터 내려오던 한울님 숭배 사상과 유교, 불교, 도교의 가르침을 바탕으로 만들어졌어.

도대체 왜 동학을 못살게 구는 거야

동학은 창시되자마자 급격히 신도 수가 늘어났어. 조정의 부패와 계속된 수탈, 흉년과 질병 등으로부터 고통받던 백성들이 몰려든 것이었지. 그들에게 '사람이 곧 하늘'이라는 인내천(人乃天) 정신을 내세워 평등을 추구하던 동학은 더없이 매력적인 종교였을 거야. 그렇지만 유림들의 비난과 조정의 탄압은 갈수록 강해졌어. 결국 난 1864년 경주에서 체포되었고 사형 선고를 받아 처형되었어. 나는 죽었지만 내 후계자인 최시형이 중심이 되어 동학은 멈추지 않고 계승 발전되었지. 후에는 동학 교도들이 큰 규모의 농민 운동을 이끌기도 했어.

하늘님의 뜻에 따라 사람들의 어리석음(愚)을 구제(濟)하는 것밖에 다른 길은 없어.

최제우로 이름을 바꾸자.

꼬리에 꼬리를 무는 인물

농민 운동 지도자 | 전봉준

나라 곳곳에 탐관오리들의 횡포가 심해지던 때였지. 전라도 고부 지역의 사또인 조병갑의 횡포에 항의하던 전봉준의 아버지가 억울하게 돌아가시는 일이 발생했어. 이를 계기로 동학 교도였던 전봉준은 분노한 백성들을 모아 관아를 습격했지. 이를 동학 농민 운동이라고 해. 녹두 장군이라고 불리며 농민들의 전폭적인 지지를 얻었던 그는 안타깝게도 밀고로 붙잡혀 처형되었어.

한 자 한 자 익히는 漢字

■ 學이 들어가는 한자어를 알아보아요.

放 놓을 방	學 배울 학		일정 기간 동안 수업을 쉬는 일.
數 셀 수	學 배울 학		수에 관하여 연구하는 학문.
初 처음 초	等 무리 등	學 배울 학	校 학교 교	아동들에게 기본적인 교육을 실시하기 위한 학교.

안용복

"근성으로 우리 땅 독도를 지켜 내다."

#노비_출신_사설_해양_경비대 #자주적_민간_외교가_불법이라니
#상장_대신_곤장 #뼛속_깊은_항일_정신

민간 외교관 안용복이 나가신다

나는 부산 동래부의 사노비였는데, 수군에 들어가 노를 젓는 능노군이 되었어. 임진왜란 이후 군사력을 키우기 위해 나라에서 나 같은 천민들도 군 복무를 시켰기 때문이었지. 군역을 마치고 나서는 능노군의 경험을 살려 어부가 되었어. 1693년 어느 날 나는 동료 어부들과 울릉도 부근에서 고기잡이를 하고 있었어. 아니 근데 웬 왜놈들이 우리 해역에서 허락 없이 멋대로 고기를 잡고 있는 것이 아니겠어?

나는 다른 어부 40여 명과 함께 다가가 호통치며 불법 조업을 막았어. 하지만 떼로 몰려온 왜놈들에게 잡혀서 일본으로 끌려갔지. 인질로 끌려갔지만 나는 기죽지 않았어. 그곳의 영주와 장군에게 논리적으로 따져 문서를 받아냈어. 울릉도와 독도는 조선의 영토

니까 일본 어선이 울릉도와 독도로 들어가는 것을 금한다는 내용이었지. 정부도 어쩔 수 없이 손 놓고 있었던 일을 일개 어부 한 사람이 해결한 거야. 하지만 조선 정부로부터 돌아온 건 곤장 100대와 징역 2년. 정규 외교관도 아닌 주제에 함부로 외교 활동을 했다는 죄였지.

다시 일본으로, 여기는 우리 땅이라고!

감옥에서 풀려나 1696년 울릉도 바다에서 다시 고기를 잡고 있을 때였어. 일본 어선들이 또 나타난 거야! 다시 피가 거꾸로 솟았어. 그래서 그놈들을 추격하여 붙잡아서 영해 침범에 대해 꾸짖었어. 그런데도 상황은 달라지지 않았지. 나는 머리를 썼어. 나를 울릉도와 독도의 세금을 관리하는 감세장이라고 소개하며 일본으로 들어간 거야. 그곳 영주에게 상황을 설명하며 그에게 사과와 재발 방지 약조를 받아 냈어. 하지만 조선은 이번에도 내가 사사로이 국제 분쟁을 일으켰다며 나를 체포했어. 참형의 벌까지 내려질 뻔했지만 불행 중 다행으로 영의정 남구만 어른 등이 나의 공은 인정해야 한다며 숙종 임금을 뜯어 말려서 목이 달아나는 대신 귀양살이를 하게 되었지.

울릉도와 독도를 지키고자 한 내 인생은 답답함과 외로움의 연속이었어. 하지만 내 노력의 결과로 1697년 4월 조선·일본 양측이 조선의 울릉도 영유권을 문서로 인정했고 1699년엔 드디어 울릉도, 독도를 둘러싼 조선·일본 간 영유권 분쟁은 끝이 났으니 더 여한은 없어.

근현대 | 독립운동가

서재필

#김옥균_그를_만나다
#갑신정변_삼일천하
#풍비박산_난_우리_집안
#마이_네임_이즈_필립_제이슨
#청나라로부터_독립이_우선

開	化
열 개	될 화

조선 말기에 봉건 사회를 개혁하고
근대화를 이루려고 하던 일.

개화사상의 치명적 매력

보성군 군수셨던 우리 아버지는 일곱 살이었던 나를 친척인 김성근 대감의 집으로 보냈어. 서울로 유학을 보내 과거 시험을 준비하도록 해 주신 거였지. 그 집에는 김옥균이란 사람이 자주 들렀었어. 그는 젊고 야심만만한 급진 개화(開化)파 지식인이었지. 그를 만나면서 난 그의 사상에 흠뻑 빠져들었어.

1882년 임오군란이 일어났는데, 조정은 이 난을 진압한 것을 기념하기 위한 과거 시험을 열었어. 그간 열심히 글공부를 해 왔던 나는 문과 시험에 합격하게 되었어. 그 후 서적 발산을 남낭하는 교서관으로 일하며 개화사상에 더욱 심취해 갔지. 그러다 김옥균의 권유로 일본의 토야마 육군 학교에 입학했어. 국방의 근대화가 시급하다는 판단에서였지. 1년여 동안 군사 교육과 지리학 등 신학문을 익히면서 강한 군사력과 경제력을 갖춘 조선을 꿈꾸었어. 그 길은 개화와 개혁 없이는 불가능하다고 생각했지.

삼일천하로 끝나버린 갑신정변

1884년 2~30대 젊은 급진 개화파는 근대 자주 국가 수립을 목표로 갑신정변이라는 쿠데타를 일으켰어. 나는 이에 적극 참여하여 정권을 잡는 데 큰 역할을 했어. 하지만 청나라 군대에 의해 허무하게 진압되면서 우리의 계획은 삼일천하로 끝나버렸지. 우리의 계획은 나라를 개혁한다는 명분을 앞세웠으나 그 방법이 너무 과격하고 폭력적이었어. 또 지나치게 미국, 일본 등 외세에 의지한 데다가 백성들의 마음도 얻지 못했어. 이 모든 게 실패의 원인이었지.

정변의 대가는 혹독했어. 집안 사람들이 죄다 역적의 가족으로 몰려 비참한 최후를 맞았어. 나에겐 세상을 살아갈 힘과 의미가 하나도 남지 않았지. 이러한 슬픔을 가슴에 안은 채 나는 미국 망명길에 올랐어. 국적을 아예 미국으로 바꾸고 이름도 필립 제이슨으로 바꿨지.

독립신문 창간과 독립문 건립

이제 평생 조선으로 다시 돌아갈 수 없을 줄 알았는데 갑작스런 반전이 일어났어. 1894년 갑오개혁으로 개화파들이 정권을 잡으면서 내게 씌워졌던 역적죄가 벗겨진 거야. 나는 조선으로 돌아와 1896년 최초의 민간 신문인 독립신문을 창간했어. 또 백성들을 교육하고 계몽하는 글을 신문에 싣고 독립협회를 결성해 조선의 자주독립을 도왔어. 아직 일제 강점기 전이라 이때의 독립은 청나라의 간섭에서 완전히 벗어나 사대주의를 청산한다는 뜻이었지. 그래서 중국 사신을 영접하던 모화관을 인수해서 독립관으로 바꿨어. 또 국민들의 성금을 모아 모화관 입구에 세워져 있던 영은문을 헐고 독립문을 세웠지.

임오군란

1882년, 임오년에 군인들이 일으킨 난이야. 훈련도감에서 해고된 구식 군인들이 밀린 봉급을 쌀로 받았는데, 그 쌀이 모래 섞인 불량 쌀이었던 거야. 이에 그간 쌓였던 불만이 터졌고 군인들이 폭동을 일으켰어. 이때 조선에 간섭하고 싶었던 청나라가 군대를 보내 난을 진압했어. 결국 조선은 청나라의 간섭을 받으며 자주권을 위협받게 되었지.

한 자 한 자 익히는 漢字

■ 開가 들어가는 한자어를 알아보아요.

開 열 개	發 필 발			산업이나 경제를 발전하게 함.
開 열 개	天 하늘 천	節 마디 절		우리나라의 건국을 기념하기 위하여 제정한 국경일.
開 열 개	校 학교 교	紀 벼리 기	念 생각 념	日 날 일

(마지막 행 설명: 학교를 연 것을 기념하는 날.)

근현대 | 독립운동가

이회영

#재상_배출_전문_집안
#노_재팬_예스_독립운동
#압록강_건너_만주로
#싸우면서_공부한다
#저_평등한_세상을_위해

光	復
빛 광	회복할 복

빼앗겼던 땅과 주권을 다시 찾음.

조선을 대표하는 노블레스 오블리주

우리 집안은 조선의 이름난 재상 이항복의 후손으로 8대에 걸쳐 10명의 재상을 배출한 당대 최고의 명문가였어. 조선 말기, 나라가 점점 혼란에 빠지더니 1905년에 일본에 의해 을사조약까지 체결되는 지경에 이르렀어. 나는 일본이 장악하고 있는 국내를 벗어나 국외에 독립운동의 전초 기지를 마련하고 군대를 양성하고자 했지. 나중에 때가 되면 국내 진공 작전으로 일본을 몰아내고 나라를 되찾으려고 했거든. 그러나 1910년, 한일 병합 조약으로 나라를 완전히 잃어버렸어. 나는 건영, 식영, 철영 세 형님과 시영, 호영 두 아우와 함께 독립운동을 위해 모든 것을 바치기로 뜻을 모았지. 그리하여 우리 집안 식구들은 압록강을 건너 만주로 망명하기로 결심했어.

전 재산을 팔아 독립운동을 지원하다

그해 겨울 압록강은 단단히 얼어붙어 있었어. 영하 40도를 넘나드는 강추위에 매서운 칼바람까지 끊임없이 불어 댔었지. 하지만 압록강을 건너 만주의 허허벌판으로 가는 동안 어린아이들조차 불평의 말 하나 내지 않았어. 그게 더 마음이 아팠지. 떠나기 한 달 전 일제의 감시를 피해 집과 논밭을 급하게 처분했어. 그때 받은 돈이 그 당시 금액으로 40만 원, 지금 시세로 환산하면 대략 600억 원 정도 돼. 급매물로 팔지 않았다면 2조 원이 넘는 재산이었지. 나는 조금도 아까워하지 않고 전액을 독립운동 자금으로 사용했어.

갖은 고생 끝에 1912년 길림성 유하현에 정착했어. 그리고 주변 땅을 사서 만주 이주 동포들을 위한 자치 기구인 경학사를 조직하였어. 부설 기관으로 신흥 무관 학교를 설립하여 항일 무장 독립 전쟁의 기틀을 마련하였지. 여기서 많은 독립군 간부를 길러 냈고 그들은 청산리 전투, 봉오동 전투를 승리로

이끈 주역으로 성장했어. 이후 국내 잠입은 물론 블라디보스
토크, 베이징, 상하이 등을 전전하며 쉼 없이 독립운동을 진행
했어.

모든 이들과 친구가 되는 집

그러던 1936년, 나는 중국 다롄에서 일본 경찰에 의해 체포
되었어. 주변의 만류를 뿌리치고 당시 가장 악랄하게 독립운
동을 탄압하고 있던 일본 관동군 사령관 무토 노부요시를 처
단하러 가던 길이었지. 뤼순 감옥에 갇혀 늙은 몸으로는 도저
히 감당할 수 없는 잔혹한 고문을 받다가 결국 최후를 맞았어.

내 호는 벗 우(友)와 집 당(堂)을 합쳐 우당이야. 이 세상 누
구나 높낮이 없이 친구가 되어 살아가는 집을 꿈꿨거든. 내
비록 목적했던 **광복**(光復)을 보지 못하고 비참하게 죽었지만
목적 달성을 위해 모든 걸 걸고 노력하다가 그 자리에서 죽었
으니 이 또한 행복한 삶이 아닌가 싶어.

을사조약

1905년에 일본이 한국의 외교권을 빼앗
기 위하여 강제적으로 맺은 조약이야. 그
러나 고종 황제가 끝까지 재가하지 않았
기 때문에 사실상 무효인 조약이지.

한 자 한 자 익히는 漢字

■ 光이 들어가는 한자어를 알아보아요.

月 달 월	光 빛 광			달에서 비쳐 오는 빛.
光 빛 광	合 합할 합	成 이룰 성		녹색식물이 빛 에너지를 이용하여 이산화 탄소와 수분으로 유기물을 합성하는 과정.
電 번개 전	光 빛 광	石 돌 석	火 불 화	번갯불이 번쩍하는 것과 같이 매우 짧은 시간이나 재빠른 움직임을 비유적으로 이르는 말.

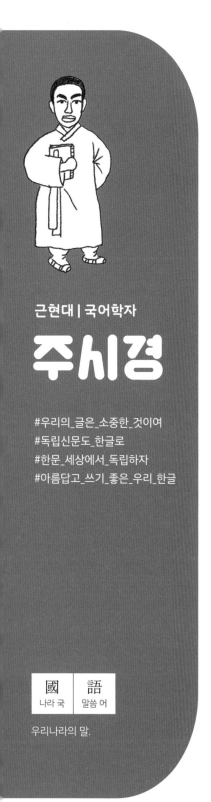

근현대 | 국어학자

주시경

#우리의_글은_소중한_것이여
#독립신문도_한글로
#한문_세상에서_독립하자
#아름답고_쓰기_좋은_우리_한글

國	語
나라 국	말씀 어

우리나라의 말.

한글 사랑은 나라 사랑

나는 우리나라가 일본과 강화도 조약을 맺은 1876년에 태어났어. 강제 개항으로 나라가 매우 혼란스러운 때였지. 우리 집안 선조 중에는 최초로 서원을 건립한 주세붕 어른이 계셔. 그분의 후손답게 우리 아버지께서는 서당 훈장님이셨어. 어릴 적 우리 집은 찢어지게 가난했어. 그래서 난 열두 살 때 둘째 큰아버지의 양자로 입양되어 서울에서 살게 되었지.

서울에서 서당에 다니던 나는 한문은 배우기가 어려운데 그것을 우리말로 풀면 누구나 잘 알아듣는 것을 보고 왜 한문을 배워야 하는지 의문을 갖게 되었어. 이후 나는 민족 정신이 살아 있던 신식 사립 학교 배재 학당에 입학했지. 당시 나와 동료들은 외세의 침략 속에서 서양의 학문을 받아들임과 동시에 민족의 정체성을 지키는 것이 중요하다고 생각했어.

한글 지킴이 주보따리

나는 우리말과 문화, 역사를 제대로 가르치고 배우는 것이 시급하다고 판단했어. 그러던 중 내 인생의 큰 전환점이 된 일이 생겼어. 독립신문 창간을 준비하던 서재필 선생님을 만난 거야. 나는 신문을 누구나 읽을 수 있도록 하려면 한글로만 써야 한다고 주장했어. 그래서 독립신문은 최초의 순 한글 신문으로 창간되었지. 한글이 한문보다 수준이 낮다고 여기던 시절에 이는 매우 파격적인 시도였어.

1905년 을사조약이 체결되면서 나라가 일본의 식민지가 되기 일보 직전까지 왔어. 낙심되고 맥이 풀리기도 했지만 나는 포기하지 않고 여러 학교들을 돌며 **국어**(國語), 역사, 지리 등을 열심히 가르쳤어. 그때 얻은 별명이 '주보따리'야. 이 학교 저 학교 쉴 새 없이 돌아다니느라 수업 자료들을 보따리에 싸서 몸에 감고 다녔거든.

한글 연구로 독립을 꿈꾸다

1907년 국문연구소 활동을 하며 나의 한글 사랑은 갈수록 커져만 갔어. '한힌샘'이란 한글 호를 붙이고 우리 아이들 이름도 순 우리말로 지었지. 큰아들이 세메, 둘째 아들이 흰메, 큰딸이 솔메, 둘째 딸이 봄메, 막내딸이 임메였어. 또 일본식 학술 용어들도 쉬운 순 우리말로 바꾸려고 애썼어.

그런데 우리글은 소리 나는 대로 적으면 돼서 쓰기 편했지만 정해진 규칙이 없어서 사람마다 제각각으로 쓸 때가 많았어. 그래서 내가 최초로 국어 문법을 정리했지. 이 일은 워낙 방대한 작업이라 자연히 생계를 돌볼 겨를조차 없었어. 그래서 끼니를 거를 때가 많았지. 그러던 어느 날 너무 배가 고파서 아내가 얻어 온 찬밥을 상추에 싸 먹다가 급체로 허무하게 생을 마감했어. 그때 내 나이 겨우 39세, 짧은 인생이었지만 나의 한글 사랑은 영원해.

인물의 결정적 한마디

> 66
> 자기 나라를 보존하며 자기 나라를 일으키는 길은 나라의 바탕을 굳게 하는 데 있고, 나라의 바탕을 굳세게 하는 길은 자기 나라의 말과 글을 존중하여 쓰는 것이 가장 중요하다.
> 99

한 자 한 자 익히는 漢字

■ 語가 들어가는 한자어를 알아보아요.

言 말씀 언	語 말씀 어	사람이 생각이나 느낌을 소리나 글자로 나타내는 수단.
語 말씀 어	塞 막힐 색	잘 모르거나 별로 만나고 싶지 않은 사람을 대하여 자연스럽지 못함.
標 표 표	準 법도 준	語 말씀 어	한 나라에서 공용어로 쓰는 규범으로서의 언어.

근현대 | 의병장

신돌석

#차돌_같이_단단한_애국심
#이름도_조선_민중_장군답게
#현란한_게릴라_전술
#유생_의병장_한심한_꼰대들
#돈_앞에_인륜도_의리도_없더라

義	兵
의로울 의	군사 병

나라가 외적의 침입 등으로 위급할 때 백성들이 자발적으로 조직한 군대.

일본군보다 무서운 추위와 굶주림

"휘이이이잉."

눈 덮인 태백산의 겨울바람은 바늘로 뼛속을 쿡쿡 찔러 대는 것 같았어. 손과 발은 얼어 총을 제대로 쏠 수도 없고 걸어갈 때마다 마치 칼 위를 걷는 것 같이 쓰라렸지.

"장군님. 부하들이 굶은 지가 오래됐씸더. 오늘도 벌써 여러 명이 적에게 항복을…."

날래고 용맹하던 부대원들은 불안과 공포에 떨고 있었어. 혹독한 추위가 몰아쳤고 식량은 물론 탄환까지 다 떨어져 가는 상황이었거든. 게다가 산인하기로 유명한 일본군과 경찰 토벌대는 기관총 같은 최첨단 무기로 무장한 채 포위망을 좁혀 오고 있었어.

태백산을 호령하던 호랑이

1895년 일본이 조선의 왕비인 명성황후를 시해하고 단발령을 내리자 전국에서 **의병**(義兵) 운동이 본격적으로 일어났어. 나도 영해 지역에서 평민 출신 의병장으로 활동했지.

1904년 한일 의정서, 1905년 을사조약을 연타로 맞은 조선은 국권이 거의 일본에 넘어가기 직전이었어. 나는 다시 농민들을 모아 의병을 일으켰어. 내가 조련한 특수 부대는 태백산을 주 무대로 게릴라전을 펼쳤어. 우리 부대는 현란한 작전으로 적들의 혼을 쏙 빼놓으며 활동 범위를 점차 넓혀 갔지. 번번이 우리 부대에 패한 일본군은 나를 '태백산 호랑이'라고 부르며 무서워했어.

나라 수호에도 신분 차별하는 현실

1907년 전국의 의병들은 서울로 진격하여 일제 통감부를 격파하고 국권을 회복하기 위해 13도 창의군을 결성했어. 나도 뛰는 가슴을 안고 달려갔지만 분위기가 영 이상했어. 내가 양반이 아닌 평민 출신이라는 것이 못마땅했던 거지. 결국 난 고향으로 돌아갔고 그곳에서 계속 일본군에 대항했지. 하지만 독기를 품은 일본군은 병력을 계속 늘려 가며 공격과 회유 작전을 펼쳤어. 게다가 살인적인 겨울 추위가 시작되어 부대 사정이 심각하게 나빠지고 있었지. 나는 훗날을 기약하며 눈물을 머금고 부대를 해산시켰어.

이후 만주로 가서 의병 운동의 새로운 길을 개척하려는 계획을 짜면서 부하 김상렬의 집에 머물고 있을 때였어. 김상렬 형제가 방으로 들어와 술을 권했지. 의병 활동 때 부하들과 술을 나누며 의리를 다졌던 것을 추억하며 잔에 가득 부어진 술을 단숨에 들이켰어. 순간 오장육부가 속에서 다 터지는 듯한 통증이 밀려왔고 나는 검붉은 피를 토하며 쓰러지고 말았어. 내 목에 붙은 막대한 현상금을 노린 그놈들이 술에 독을 탄 것이었지. 그렇게 기백 넘치던 태백산 호랑이는 허무하게 삶을 마감하고 말았어.

단발령

단발령(斷髮令)은 성인 남자의 상투 머리를 자르도록 내린 명령이야. 많은 유생들은 이것에 반발했는데, 유교에서는 몸과 머리카락과 피부는 부모님께 물려받은 것이라 함부로 상하게 하지 않는 것을 철칙으로 여겼거든.

한 자 한 자 익히는 漢字

■ 兵이 들어가는 한자어를 알아보아요.

憲 법 헌	兵 군사 병			군대에서 경찰의 임무를 맡은 군인.
海 바다 해	兵 군사 병	隊 무리 대		육지, 바다 어디에서도 싸울 수 있도록 훈련된 부대.
兵 군사 병	役 부릴 역	義 의로울 의	務 힘쓸 무	나라를 위해 군대에 복역할 의무.

김구

"일생을 조국 독립과 통일을 위해 바치다."

#진리_찾아_동학에서_불교로_불교에서_기독교로
#임시_정부에서_꿈꾸던_조국_광복 #한국_광복군의_진격_작전_무산
#어떻게든_막고_싶었다_조국_분단

유일한 소원은 조국의 자주독립

　나는 1876년 황해도 해주의 평민 집안에서 태어났어. 한때 과거를 봐서 신분의 굴레를 벗어나 볼까도 했었지만 당시의 타락한 과거 제도에 환멸을 느끼고 생각을 접었지. 그 후 세상을 바꾸고자 동학에 뛰어 들어 19세에 청년 리더로 활동하였어. 명성황후 시해 소식을 듣고 일본군 장교 쓰치다를 처단하는 일도 했지. 이 사건으로 감옥살이도 했어. 20대 후반엔 국민들을 계몽하는 교육 운동에 힘썼어. 1919년 3·1 운동 이후에는 중국 상하이로 망명하여 임시 정부에서 근무했지. 거기서 경찰청장에 해당하는 초대 경무국장부터 시작해 1940년 3월에는 국가 주석 자리까지 올랐어.

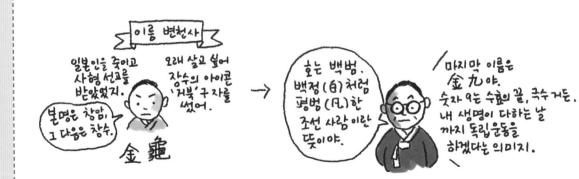

독립운동보다 더 어려웠던 통일 운동

드디어 1945년 8월 15일. 일본의 항복으로 꿈에 그리던 광복이 찾아왔어. 일본이 항복하기 직전까지 우리 임시 정부의 한국 광복군은 일본에 선전 포고를 하고 국내에 진격하려는 준비를 하고 있었어. 그런데 제2차 세계 대전에서 연합국에게 패배한 일본이 먼저 항복을 선언한 거야. 우리 힘으로 일본을 몰아낼 기회였는데, 아쉽게 됐지.

게다가 광복의 기쁨과 감격도 잠시였어. 슬프게도 이념과 강대국들의 이익에 따라 우리 민족은 남북으로 갈라져 버렸거든. 여러 훌륭한 민족 지도자들도 하나둘 테러를 당해 쓰러져 갔어. 그러다 1948년 유엔의 결정에 의해 남한만의 단독 선거 결정이 내려진 거야. 이대로라면 남북이 완전히 다른 나라로 갈라질 위기였어. 나는 절대 반대를 외쳤지. 그리고 그해 4월 19일 김규식과 함께 남쪽 대표로서 평양으로 갔어. 통일 국가의 희망을 안고 북쪽 대표 김일성, 김두봉과 만나 회담을 하기 위해서였지. 그러나 그들의 정권 욕심 때문에 회의는 결렬되고 말았어. 통일이 되지 못하면 남북을 갈라놓은 38선을 베고 죽겠다 다짐했건만. 결국 남한은 단독으로 선거를 치렀고 북한은 인민 공화국을 수립했어. 이듬해인 1949년 6월 26일 결국 난 육군 소위이자 한국 독립당의 당원이었던 안두희가 쏜 권총에 맞아 비운의 죽음을 맞이하고 말았지.

근현대 | 독립운동가

조만식

#늦은_만큼_더_열심히
#비폭력주의_평화_운동_간디를_
 본받아
#오산_학교_내_마음의_고향
#조선_사람이라면_국산품_애용
#분단의_십자가_내가_지고

基	督	敎
터 기	감독할 독	가르칠 교

'그리스도교'의 한자식 표기.

나의 길을 버리고 예수의 길로

나는 원래 포목점, 지물포를 운영하던 청년 사업가였어. 그러던 어느 날 동업자인 어릴 적 서당 친구로부터 **기독교**(基督敎)라는 종교를 소개받았지. 처음에는 시큰둥했으나 자꾸 들어 보니 예수의 정신과 삶에 점점 매료되더군. 그 후 난 그렇게 좋아하던 술과 담배를 끊고 하나님의 자녀답게 새롭게 살기로 결심하였어.

이듬해 스물세 살이라는 늦은 나이에 평양의 기독교 학교인 숭실 중학교에 입학해 공부를 시작했어. 학교를 다니면서 숭실 학교의 설립자 윌리엄 베어드에게서 기독교 정신을, 안창호 선생에게서 민족정신을 배웠지. 이에 그치지 않고 졸업 후에는 일본 동경으로 유학을 떠나 만학도의 길을 걸었어. 이때 영어 공부를 하면서 알게 된 간디의 비폭력주의에 깊이 감명을 받은 나는 비폭력 민족 운동을 독립운동의 거울로 삼았어.

자주독립 국가를 이끌어 갈 다음 세대를 키우자

1913년 졸업 후 귀국하여 동지인 이승훈이 설립한 오산 학교의 교사가 되었어. 하지만 이승훈 선생이 독립운동을 하다 투옥되면서 학교 운영이 힘들어졌지. 나는 보수도 받지 않고 일했고 교장으로 승진한 후에도 교사, 교목, 사감, 사환 역할까지 맡았어. 제자들에게는 늘 존댓말을 썼으며 똥지게도 지고 화장실 청소도 내 손으로 직접했지. 장차 민족의 희망과 등불이 될 학생들을 생각하면 궂은 일도 즐겁고 행복하더군.

간디보다 더 빛나는 독립운동가

나는 1919년 3·1 운동에 참가하다 체포되어 1년간 옥고를 치렀어. 출옥 후 다시 오산 학교 교장으로 복직하였으나 조선 총독부의 탄압으로 평양으로 돌아가게 되었지. 거기서 평양

기독교 청년회(YMCA) 총무에 취임했어. 기독교 정신과 민족
주의가 결합된 항일 운동의 선봉에 서게 된 거지. 그리고 조
선 물산 장려회를 조직해 민족 경제를 위해 물자 아껴 쓰기와
국산품 애용하기 운동을 벌였어. 또한 조선일보 사장, 민립 대
학 설립 운동가 등으로 활동하면서 개신교계, 상공계, 여성계,
청년계, 교육계를 아우르는 네트워크를 구축하였어.

　"내가 죽으면 비석에 눈을 그려 달라. 죽어서라도 일본이
패망하고 조선이 독립하는 것을 보고 싶다."

　평소 입버릇처럼했던 말인데, 기쁘게도 살아서 광복을 맞
이하였어. 그런데 북쪽에 들어선 소련군과 김일성이 자꾸
나를 공산당 사람으로 만들려 했어. 나는 단호히 거부했지.
1950년에 6·25 전쟁이 일어났고 나는 공산군의 손에 총살되
었어. 욕심 없이 평생을 기독교 정신의 실천가로 살아 온 걸
알아준 사람들이 나를 '조선의 간디'라고 불러 주었으니 참
고마운 일이야.

꼬리에 꼬리를 무는 인물

독립운동가 | 안창호

도산 안창호 선생은 나라의 힘을
키우기 위해서는 민족의 실력을 길
러야 한다고 생각했어. 그래서 신
민회를 만들어 독립운동을 하는 한
편, 대성 학교를 세워 교육 운동을
벌였지. 후에 일제의 탄압이 심해
지자 그는 미국으로 가서 민족 운동
단체인 흥사단을 결성하기도 했
어. 그리고 3·1 운동 소식을 듣고는
대한민국 임시 정부로 가서 독립운
동을 이어 갔지.

한 자 한 자 익히는 漢字

■ 基가 들어가는 한자어를 알아보아요.

基 터 기	本 근본 본	技 재주 기		가장 기초가 되는 기술.
基 터 기	礎 주춧돌 초	學 배울 학	力 힘 력	학습의 초기 단계에 습득이 요구되는 기초적인 능력.
宇 집 우	宙 집 주	基 터 기	地 땅 지	우주선이나 인공위성을 발사하는 기지.

근현대 | 독립운동가

김좌진

#애국_계몽_사상에_눈뜨다
#북로_군정서의_카리스마_담당
#특급_총잡이_홍범도와_콤비_
　플레이
#피로_물든_푸른_산_청산리
#박상실의_총탄에_꿈도_상실

獨	立	軍
홀로 독	설 립	군사 군

나라의 독립을 이루기 위하여
싸우는 군대.

독립을 위해 붓을 놓고 총을 들다

우리 집은 충남 홍성 일대에 소문난 부잣집이었어. 어릴 때부터 군사 전문 서적 읽기와 전쟁놀이를 즐겼던 나는 대장을 도맡았지. 그럴 때면 '억강부약(抑强扶弱)'이라고 쓴 우리 편 깃발을 앞세웠어. 약한 자를 돕고 남을 괴롭히는 자를 혼내 주겠다는 마음을 담은 말이야.

나는 어린 시절 아버지를 여의고 홀어머니 밑에 자랐어. 게다가 형이 큰집에 양자로 들어가면서 둘째 아들이었던 나는 집안의 가장이 되었지. 인정이 많고 약자를 돕는 것을 중요시했던 나는 우리 집 노비들의 종 문서를 태우고 그들을 사유인으로 놓아주었어. 이듬해에는 미친놈 소리를 들어 가며 서울 육군 무관 학교에 진학했지. 그곳에서 애국 계몽 사상에 눈떴고 홍성으로 돌아와 호명 학교를 세웠어. 우리 집 80여 칸 방이 교실로 쓰였지.

위대한 승리 청산리 대첩

1910년 일본이 우리나라를 강제로 집어삼킨 후 국내에서는 일제의 감시와 탄압 때문에 항일 운동을 하는 데 어려움이 많았어. 더구나 내 스타일에 맞는 독립운동인 무장 투쟁을 준비하기 위해서는 만주나 연해주 등으로 활동 장소를 옮길 수밖에 없었지. 1918년 나는 단군교라고도 불리는 민족 종교인 대종교에 감명을 받아 신자가 되었어. 그리고 이듬해 대종교 계열의 민족주의자들이 중심이 된 무장 독립 투쟁 단체 북로 군정서의 총사령관을 맡아 **독립군**(獨立軍) 양성에 온 힘을 기울였지.

이때는 3·1 운동을 계기로 만주 일대의 무장 독립 단체들이 연합 활동을 하던 때였어. 북로 군정서도 빠질 수 없었지. 1920년, 일제의 대규모 독립군 토벌대가 만주로 진격해 온다는 첩보가 들어왔어. 일본군은 봉오동에서 홍범도 장군의 대한 독립군 부대에 대패하고는 약이 바짝 오른 상태였지. 내가 이끄는 북로 군정서는 홍범도 장군이 이끄는 대한 독립군과 힘을 합쳤어. 백두산 기슭 청산리로 이동한 후 일본군을 협곡으로 유인했지. 그리고 만 4일 동안 10여 차례의 처절한 전투를 벌였어. 여기서 2천 8백여 명의 독립군은 중무장한 5만여 명의 일본군을 맞아 드라마 같은 대승을 거두었어. 이것이 우리 독립 투쟁사에서 가장 빛나는 승리요, 세계 전쟁사에도 유례를 찾기 힘든 청산리 대첩이야.

이후 북만주 지역에서 새로운 항일 단체인 신민부를 창립하는 데에 앞장서고 좌우익 독립 단체들을 하나로 통합하고자 노력했어. 하지만 만주 동포들 사이에서는 독립운동 노선을 두고 분열이 일어나기 시작했지. 또 일제의 야비한 이간질이 더해져 내가 일본과 내통하는 간첩이라는 악성 루머까지 돌았어. 결국 나는 동포들의 생계 유지와 독립 자금 마련을 위해 운영하던 정미소에서 공산당원 박상실이 쏜 총탄을 맞고 죽었어.

꼬리에 꼬리를 무는 인물

독립운동가 | 홍범도

사냥꾼이었던 홍범도 장군은 나라가 점차 위기에 빠지자 의병 대장이 되어 활동했어. 그는 일본군을 기습하는 유격전에 아주 능숙했지. 나라를 일제에게 강제로 빼앗긴 후에는 만주로 건너가 본격적으로 독립군을 양성하기 시작했어. 그는 봉오동 전투로 유명해졌어. 지형지물을 활용해 일본군을 궁지로 몰아넣고 집중적으로 공격을 퍼부어 대승을 거두었던 전투였지.

한자한자 익히는 漢字

■ 立이 들어가는 한자어를 알아보아요.

積 쌓을 적	立 설 립						모아서 쌓아 둠.

國 나라 국	立 설 립	中 가운데 중	央 가운데 앙	博 넓을 박	物 물건 물	館 집 관	한국의 문화유산을 보관, 전시, 연구하기 위해 설립된 박물관.

근현대 | 아동 문학가

방정환

#어린이는_내가_만든_신조어
#사람이_하늘이면_어린이도_
  하늘이다
#어린이_해방은_민족_해방의_
  첫걸음
#모든_날이_어린이날_같기를

兒	童
아이 아	아이 동

나이가 적은 아이.

서류 필사 알바 청년

지금도 그렇지만 종로는 우리나라 정치 1번지요, 경제와 교육, 문화의 중심지였어. 1899년 나는 거기서 태어났어. 우리 집은 지역에서 꽤 성공한 상인 집안이라 어릴 때 나는 넉넉한 가정 환경에서 자랐어. 남들은 다들 서당에 다닐 때 보성 소학교 유치반에 들어가 신식 공부를 받았으니 말 다했지.

하지만 거듭되는 아버지의 사업 실패로 점차 가세가 기울었어. 나는 아버지의 뜻에 따라 상업 고등학교에 입학했는데 이쪽 공부에 별로 흥미가 안 생기더라고. 그래서 학교를 중퇴하고 생계에 보탬이 되기 위해 취업 전선에 뛰어들었어. 그렇게 조선 총독부 토지 조사국에 들어가 서류 필사하는 일을 하며 독학을 했지.

어른들도 어린이었다

1917년 천도교 3대 교주인 손병희의 딸과 결혼하며 내 인생이 180도 달라졌어. 결혼 후 난 천도교가 운영하던 보성 전문학교 법학과에 입학해 가난으로 중단된 공부를 이어 갔어. 장인어른 손병희 선생께서 3·1 운동을 준비하시는 것을 도와 민족주의자들을 열심히 뒷바라지하기도 했어.

1920년에는 천도교 잡지 『개벽』의 도쿄 특파원이 되었어. 그곳 대학에서 어릴 때부터 관심 많았던 **아동**(兒童) 문학, 아동 심리학 등을 공부했지. 그때 인간은 어린아이라고 해도 존엄한 존재임을 느끼며 '어린이'라는 말을 처음으로 만들어 쓰기 시작했어. 더불어 참다운 근대화의 길을 걸으려면 천대받고 무시받던 어린이들이 제일 먼저 해방되어야 함을 깨달았지.

나라의 보배 어린이들, 사랑해요

귀국 후 청년 선동, 저항 운동을 펼쳤다는 죄목으로 구치소에 갇혔어. 석방되고 다시 일본으로 가 아이들을 위해 동화책을 번역 출간했지. 1923년에는 도쿄 하숙집에서 어린이 운동 단체인 '색동회' 창립 모임을 가졌어. 그리고 최초의 어린이 잡지 『어린이』를 창간했고, 5월 1일에는 '어린이날' 기념식을 열었어. 어린이날 제정은 세계 최초였어. 더구나 조선 같은 식민지 나라에서 이런 기념일을 만든 것은 기적 같은 일이었지. 광복 후 5월 1일이었던 어린이날이 5월 5일로 바뀌었어. 전 세계적인 행사인 노동절과 겹치지 않게 하려고 그런 것 같아.

나를 어린이날을 만든 사람 정도로만 기억하는데, 난 언론인, 출판인, 독립운동가의 삶도 살았어. 그런데 너무 열심히 활동했던 탓일까. 1931년 33세의 젊은 나이에 병으로 세상을 떠나고 말았어. 숨을 거두는 순간에도 '어린이를 두고 가니 잘 부탁한다.'는 말을 남길 정도로 나는 어린이를 사랑했어. 내 호는 작은 물결이란 뜻의 소파(小波)인데 일본 유학 중 영향을 받았던 아동 문학가 이와야 사자나미(巖谷小波)의 이름에서 따온 것이야. 어린이들을 위한 나의 헌신이 비록 작은 물결일지라도 점차 확산되길 바라는 마음이 있었지.

꼬리에 꼬리를 무는 인물

종교 지도자 | 손병희

최제우, 최시형에 이어 동학의 3대 교주셨던 손병희 선생. 최시형의 수제자였던 그는 동학을 다시 일으킬 방법을 찾기 위해 일본으로 건너갔고 그곳에서 근대 사상을 배웠다고 해. 그리고 동학의 이름을 천도교로 바꾸고 항일 운동에 앞장서셨지. 그는 3·1 운동을 계획한 민족 대표 33인 중의 한 사람이기도 해.

한 자 한 자 익히는 漢字

■ 兒가 들어가는 한자어를 알아보아요.

兒 아이 아	役 부릴 역			연극이나 영화에서 어린이의 역.

小 작을 소	兒 아이 아	科 과목 과		어린아이를 전문적으로 진찰·치료하는 의과.

迷 미혹할 미	兒 아이 아	保 지킬 보	護 도울 호	所 바 소	길 잃은 아이들을 보호하여 집이나 부모를 찾아 주는 곳.

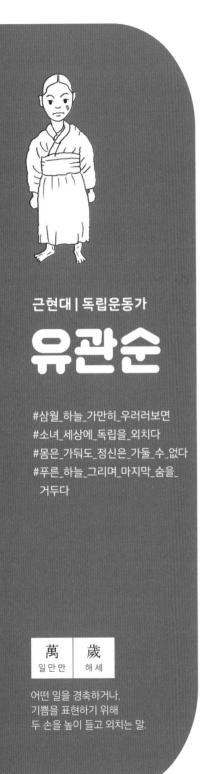

근현대 | 독립운동가

유관순

#삼월_하늘_가만히_우러러보면
#소녀_세상에_독립을_외치다
#몸은_가둬도_정신은_가둘_수_없다
#푸른_하늘_그리며_마지막_숨을_
　거두다

萬	歲
일만 만	해 세

어떤 일을 경축하거나,
기쁨을 표현하기 위해
두 손을 높이 들고 외치는 말.

독립 선언에 남녀노소가 따로 있나

　1919년 3월 1일 정오. 따스한 봄 햇살 가득하던 그 날, 지축을 뒤흔들던 함성 소리가 아직도 귀에 생생해. 일본은 우리나라를 강제로 빼앗은 후 무력으로 조선 사람들이 정치, 사회적 활동을 일체 못하게 만들었어. 총칼로 위협하면 우리가 고분고분 말을 잘 들을 줄 알았나 본데, 큰 오산이었지. 오히려 전국적으로 저항의 기운이 일어나고 있었어.

　조선의 자주독립을 온 세상에 외치며 일어난 3·1 운동의 중심에는 우리 학생들이 있었어. 1919년 3월 1일, 탑골 공원에 모여 있던 학생들과 시민들은 독립 선언식을 거행한 후 거리로 나가 만세(萬歲) 시위를 벌였지. 그때 나는 고향 천안에서 서울로 유학 온 이화 학당의 고등부 1학년 학생이었어. 학교 선배 언니들로부터 만세 시위 계획을 전해 듣고 나도 참여하기로 결심했지. 잘못되면 일본 경찰한테 잡혀가 끔찍한 고문을 받을 수도 있다는 생각에 몸이 부들부들 떨려 왔지만 나라를 생각하니 머뭇거릴 수가 없었어.

아우내 장터에 울려 퍼진 만세 소리

　구름 같이 모여든 민중들과 함께 태극기를 흔들며 목청이 터져라 만세를 외쳤어. 걷잡을 수 없이 만세 운동이 번져 나가자 조선 총독부에서는 휴교령을 내렸지. 등교를 할 수 없게 된 나는 고향 천안으로 내려갔어. 고향에서도 만세 운동을 이어가고 싶어서였어. 4월 1일 정오. 아빠, 엄마, 오빠와 함께 장날이라 많은 사람들이 모인 아우내 장터로 나가 밤새 만든 태극기를 나눠 주며 시위를 이끌었어.

　"탕! 타타탕! 탕!"

　출동한 일본 헌병들이 총을 쏘고 칼로 찌르며 평화 시위를 하던 사람들을 죽이기 시작했어. 이것을 본 아버지께서는 강하게 항의하시다가 그 자리에서 칼에 찔려 돌아가셨고 어머니마저 아버지의 뒤를 따르셨지. 너무나 끔찍하고 충격적인 장면이었어. 나도 천안 헌병대에 끌려가 말로 표현하지 못할 혹독한 고문을 받았어. 주동자를 대라는 일본군의 협박에도 내가 주동자라 말하며 당당히 대항했지. 그해 5월 9일 공주 지방 법원은 나에게 당시 여성에게 내려지는 최고형인 징역 5년을 선고했고 난 서대문 형무소로 옮겨졌어.

감옥에 떨어진 배꽃

나는 감옥 안에서도 동지들과 함께 계속 만세 운동을 벌였어. 수많은 수감자들이 동참하였고 그 만세 소리가 형무소 밖으로까지 퍼져 나갔지. 이에 몰려든 인파로 형무소 주위 전차 운행이 마비되고 경찰 기마대가 출동하는 일까지 벌어졌다고 해. 나는 결국 또 온갖 야만적이고 무자비한 고문을 받았어. 아마 내 친구들이 날 보았으면 알아보지도 못했을 거야. 몸과 얼굴이 성한 곳이라고는 하나도 없었거든. 결국 난 1920년 9월 28일 고문 후유증으로 고생하다 차디찬 감옥에서 생을 마감했어. 19세 꽃다운 나이였지.

인물의 결정적 한마디

> 66
>
> 내 손톱이 빠져 나가고 내 귀와 코가 잘리고 내 다리가 부러져도 그 고통은 이길 수 있사오나 나라를 잃어버린 그 고통만은 견딜 수가 없습니다. 나라에 바칠 목숨이 오직 하나밖에 없는 것이 이 소녀의 유일한 슬픔입니다.
>
> 99

한자한자 익히는 漢字

■萬이 들어가는 한자어를 알아보아요.

萬 일만만	一 한일	있을지도 모르는 뜻밖의 경우.
萬 일만만	能 능할능	온갖 일을 다 할 수 있음.

근현대 | 독립운동가

윤봉길

#목숨_바쳐_독립운동의_불씨를_
다시_살리다
#멋진_한인_애국단_선배_이봉창
#홍커우_공원_경비를_뚫어라
#도시락_폭탄_아니라_물통_폭탄
#눈보라_몰아칠_때_매화_향기_
날리리라

義	士
의로울 의	선비 사

나라와 민족을 위하여 제 몸을 바쳐
일하려는 의로운 사람.

남아의 한 목숨, 기꺼이 조국에 바치리

"천황 폐하의 통치는 천대 만대 작은 돌이 큰 바위가 되어 이끼가 낄 때까지…"

1932년 4월 29일. 중국 상하이 홍커우 공원 하늘에는 일본 국가가 울려 퍼지고 있었어. 일본이 상하이 사변을 일으켜 중국군에 대승을 거둔 것과 일왕의 생일을 함께 축하하는 행사 중이었지. 나는 준비해 온 물통 폭탄의 안전핀을 뽑았어. 잠시 숨을 고른 후 밀집해 있는 사람들을 틈으로 잽싸게 파고들었지. 그리고 곧장 일본군 고위 장성들이 늘어서 있는 단상 한가운데를 향해 폭탄을 힘껏 넌졌어. 곧 지축을 뒤흔드는 엄청난 폭발음이 들렸어.

내가 입단한 한인 애국단에는 나보다 앞서 의거를 일으킨 의사(義士)가 계셨어. 바로 이봉창 선배야. 그는 일본의 심장부 도쿄에서 일왕에게 폭탄을 던진 용감한 분이셨지. 이 사건의 여파로 행사장의 경비는 아주 삼엄했어. 행사 참가자들의 소지품 검사를 철저히 한다는 정보를 입수하고 그 허를 찔러 도시락과 물통으로 교묘히 위장한 폭탄을 제조해 가지고 갔던 거야.

눈보라 속에 피는 매화처럼

내 호는 매헌(梅軒)인데 절개와 지조의 상징인 성삼문의 호 매죽헌(梅竹軒)을 따라 지은 거야. 지금은 루쉰 공원으로 이름이 바뀐 홍커우 공원에는 나의 의거를 기념하는 매정(梅亭)이라는 기념관이 있어. 매정에 있는 내 흉상 옆을 보면 '장부출가생불환(丈夫出家生不還)'이란 글귀가 새겨져 있어. '사내대장부가 뜻을 품고 집을 떠나면 살아 돌아오지 않는다.'는 의미야. 나라를 위해 목숨을 바치기로 다짐하고 만주를 향해 떠날 때 비장한 마음으로 썼던 문장이지.

나는 그 의거 현장에서 체포되어 오랫동안 모진 고문을 받다가 처형당했어. 시체마저 아무렇게나 버려져 짓밟혔지. 하지만 내 조국의 독립이란 숭고한 뜻을 받들어 조국의 앞날에 빛을 드리웠으니 아무런 여한이 없어. 매섭고 차가운 눈보라 속에서도 굴하지 않고 꽃을 피우는 매화처럼 살았으니 말야.

다시 타오르는 독립운동

중국 장제스 총통은 중국 100만 대군도 하지 못한 일을 단 한 명의 조선 청년이 해냈다며 나를 극찬했다고 해. 내게 큰 감명을 받은 그는 수차례 강연에서 이 일을 언급했고 김구 선생을 만나 대한민국 임시 정부에 대한 지원도 약속했지. 사실 그전까지는 독립운동의 기운이 날로 쇠약해져 가고 있었거든. 그러던 차에 중국인들이 내가 침략의 원흉을 대거 살상한 것을 보고 조선인을 항일 동지라고 느끼게 된 거야. 나의 의거가 꺼져 가던 독립운동의 불길을 되살린 계기가 된 거지. 그렇게 중국 정부의 전폭적인 지지를 얻어 냈고, 이는 장차 우리나라의 독립운동에 큰 밑거름이 되었어.

꼬리에 꼬리를 무는 인물

독립운동가 | 이봉창

일본으로 건너가 일을 했던 그는 그곳에서 조선인으로서 갖은 차별을 당했다고 해. 그러면서 독립운동에 뛰어들기로 마음먹었다지. 그는 김구가 만든 비밀 항일 단체인 한인 애국단에 가입했어. 그리고 일왕을 암살하겠다는 계획을 품고 도쿄로 가 일왕의 행차에 수류탄을 던졌지. 비록 일왕을 명중시키지는 못했지만 이 일은 전 세계를 깜짝 놀라게 했고 우리의 독립 의지를 널리 알리는 계기가 되었어.

한자 한자 익히는 漢字

■ 士가 들어가는 한자어를 알아보아요.

博 넓을 박	士 선비 사		어떤 일에 정통하거나 숙달된 사람.
士 선비 사	大 클 대	夫 아비 부	일반 평민층과 구별하여 양반을 이르는 말.
營 경영할 영	養 기를 양	士 선비 사	식생활의 영양에 관한 지도를 하는 사람.

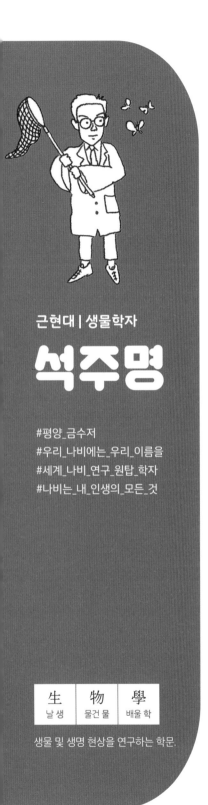

근현대 | 생물학자

석주명

#평양_금수저
#우리_나비에는_우리_이름을
#세계_나비_연구_원탑_학자
#나비는_내_인생의_모든_것

生	物	學
날 생	물건 물	배울 학

생물 및 생명 현상을 연구하는 학문.

스승님은 1호, 나는 2호 조선인 유학생

우리 아버지는 평양의 성공한 외식 산업 CEO셨어. 종업원이 무려 100명이나 되었을 정도였지. 하지만 단순히 돈만 많은 부자가 아니라 독립운동을 지원하던 애국자이기도 하셨어. 부잣집 아들로 태어나 공부보다는 연극, 음악 등을 더 좋아하던 내 인생이 바뀌게 된 것은 개성의 송도 고등 보통학교를 다니면서부터였어. 이 학교엔 조류학자인 원홍구 선생님이 근무하고 계셨는데, 난 그분의 영향을 많이 받았어. 그래서 1926년에 선생님이 나오신 일본의 가고시마 고등 농림 학교로 유학을 떠나게 되었지. 그곳은 일본에서도 손꼽히는 농업 전문학교였어. 원 선생님은 1호, 나는 2호 조선인 유학생이었지.

나비 연구로 세계에 이름을 날리다

명성과 달리 농학 쪽 강의 수준은 실망스러웠어. 그래서 나는 **생물학**(生物學) 공부에 집중했어. 귀국하고 나서는 본격적으로 나비를 연구하기 시작했는데 사실 처음부터 나비를 연구하려고 한 것은 아니었어. 시력이 너무 나빠 웬만한 생물학 분야는 관찰 연구가 어려웠거든. 그래서 곤충 연구의 입문 코스라 할 수 있는 나비 연구를 택한 거였지. 신체적 핸디캡이 나를 세계적 학자로 만든 셈이야. 그 후 15년간 만주, 홋카이도, 사할린을 돌며 나비를 채집했고 10년 연구의 결실로 1940년에 『한반도는 나비의 동종이명』이란 영문판 책을 출간하였어. 그전까지 학자들이 새로운 종을 발견했다며 앞다투어 자기 이름으로 학명을 발표하는 게 유행이었어. 그러다 보니 조금만 생김새가 다르면 새로운 종이라고 호들갑을 떠는 경우가 많았지. 나는 연구를 통해 920여 종의 나비를 250여 종으로 줄였어. 실로 어마어마한 개체 수의 나비 채집량을 바탕으로 한 비교 연구였기 때문에 누구도 이의를 제기하지 못했지.

나는 일약 세계적 학자로 떠올랐어.

나비밖에 몰랐던 사람

1943년, 제주도에 경성 제국 대학 생약 연구소 제주 시험장이 생겼어. 나는 자청해서 그곳에서 근무했고 거기서는 제주학 연구가로도 명성을 떨쳤지. 나비에 대한 사투리를 조사하면서 자연스레 연구하게 된 거였어. 또한 우리 땅에 사는 나비 이름을 우리말로 지었지. 지금 우리나라 하늘을 날고 있는 나비 이름의 3분의 2 이상은 이때 내가 지은 것들이야.

하지만 1950년에 일어난 6·25 전쟁은 내 모든 것을 앗아가 버렸어. 그해 9월에 서울 과학 박물관이 폭격을 당해 내가 평생 애지중지 모아 둔 75만 마리의 나비 표본이 허무하게 불타 버렸거든. 이때 받은 충격으로 오랫동안 깊은 슬픔에 빠져 아무것도 먹지도 마시지도 못했어. 겨우 몸을 추스른 10월, 파괴된 과학 박물관 재건을 논의하러 갔다가 그곳에서 군인들을 만났어. 진한 평양 사투리를 쓰는 나를 인민군 장교로 오해한 국군이 나에게 총을 쏘았지. 43세 나이로 죽기 직전 세상에 남긴 내 마지막 말은 이것이었어.

"나는 나비밖에 모르는 사람입니다."

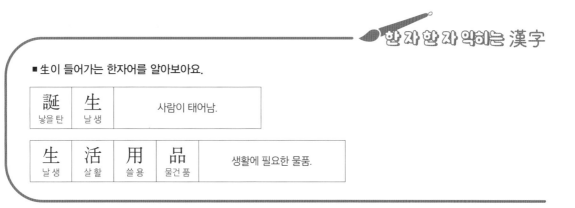

한 자 한 자 익히는 漢字

■ 生이 들어가는 한자어를 알아보아요.

誕 낳을 탄	生 날 생			사람이 태어남.

生 날 생	活 살 활	用 쓸 용	品 물건 품	생활에 필요한 물품.

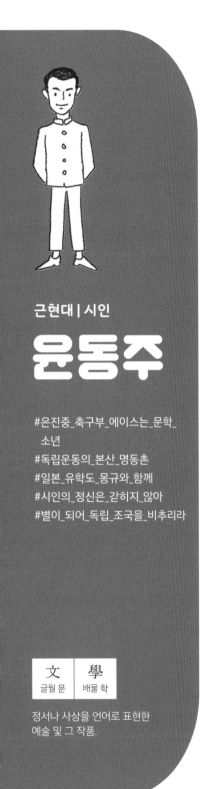

근현대 | 시인

윤동주

#은진중_축구부_에이스는_문학
_소년
#독립운동의_본산_명동촌
#일본_유학도_몽규와_함께
#시인의_정신은_갇히지_않아
#별이_되어_독립_조국을_비추리라

文	學
글월 문	배울 학

정서나 사상을 언어로 표현한
예술 및 그 작품.

문학을 가장 사랑한 소년

나의 모교는 북간도 민족 교육의 산실인 은진 중학교였어. 훗날 독립운동가가 된 송몽규, 민주화 통일 운동가가 된 문익환도 동기였지. 난 학교 대표 축구 선수로 활약했어. 게다가 축구부원들의 유니폼을 만들어 줄 정도로 재봉질에도 소질이 있었지. 그뿐만 아니라 웅변대회에서 1등도 하고 수학도 곧잘 했어. 그래도 뭐니 뭐니 해도 난 **문학**(文學)이 제일 좋았어.

나는 이 자랑스런 모교를 졸업하지 못했어. 대학 진학을 하려면 5년제 중학교를 졸업해야만 했는데 은진 중학교는 4년제였거든. 어쩔 수 없이 평양에 있는 기독교 학교인 숭실 중학교에 편입했어. 그때 정지용의 시를 접하고 그에게 많은 영향을 받았지. 그런데 숭실 중학교에서도 졸업하지 못했어. 신사 참배를 거부한 학교와 뜻을 같이했기 때문이야. 신사 참배는 기독교 신앙과 민족성을 짓밟는 폭력이었기에 저항 외에 다른 길은 없었어. 결국 북간도로 다시 돌아와 광명 중학교에서 학업을 이어 갔지.

부끄러움을 알아야 사람이지

우리 아버지는 내가 의대에 진학하기를 바라셨어. 하지만 문학도의 꿈이 컸기에 난 연희 전문학교 영문과에 진학했어. 북간도 전체에서 연희 전문학교에 합격한 사람은 나와 고종사촌 몽규 단 두 명밖에 없었지.

1941년 말 몽규와 함께 좀 더 큰 공부를 위해 일본으로 유학을 가기로 결심했어. 그런데 당시는 일본 유학을 가려면 이름을 일본식으로 바꾸어야만 했지. 그래서 연희 전문학교에 유학용 졸업 증명서를 발급받으면서 히라누마 도쥬로 이름을 바꿨어. 다들 하는 일이었고 단지 유학 서류 작성을 위한 것이니 문제 될 일 없다며 스스로를 위로했지. 그러나 하늘을

우러러 한 점 부끄럼 없이 살기를 갈망하던 내게 일본식으로
이름을 바꾼 사실은 매우 부끄러운 일이었어. 「참회록」이란
시에는 그때의 내 마음이 담겨 있어.

광복을 꿈꾸던 청년, 하늘의 별이 되다

1942년 10월, 나는 정지용 선생님이 다니신 교토의 도시샤
대학에 입학해 유학 생활을 시작했어. 몽규는 교토 제국 대학
을 다니고 있었기 때문에 우리는 자주 만나 조국 광복을 함께
이야기했지. 이 즈음엔 몽규가 중국의 군관 학교에 입학해 요
주의 인물로 찍혀 사찰받고 있었던 터였어.

하고 싶었던 공부를 하며 대학의 낭만을 만끽하는 것도 잠
시뿐. 결국 나는 1944년 치안 유지법 위반으로 기소되어 후
쿠오카 형무소에 갇혔어. 감옥에서는 매일 정체불명의 주사
를 맞았어. 축구 선수를 할 만큼 건강하던 내 몸은 갈가리 찢
기는 것 같은 고통 속에 망가져 갔지. 내 죽음의 진상은 밝혀
지지 않았지만 생체 실험을 당한 거라고 추측해. 그토록 꿈에
그리던 광복을 불과 6개월 남기고 나는 하늘의 별이 되었어.

인물의 결정적 한마디

> 66
>
> 파란 녹이 낀 구리 거울 속에
> 내 얼굴이 남아 있는 것은
> 어느 왕조의 유물이기에
> 이다지도 욕될까
>
> 나는 나의 참회의 글을 한 줄에
> 줄이자.
> ― 만 이십사 년 일 개월을
> 무슨 기쁨을 바라 살아왔던가
>
> ― 「참회록」에서
>
> 99

한 자 한 자 익히는 漢字

■ 文이 들어가는 한자어를 알아보아요.

文 글월 문	魚 물고기 어		바다에 사는 여덟 개의 다리를 가진 연체 동물.
文 글월 문	明 밝을 명		인류가 이룩한 물질적·사회적 발전.
文 글월 문	化 될 화	財 재물 재	문화 활동에 의하여 창조된 가치가 뛰어난 사물.

손기정

"갖은 역경 속에서 올림픽 챔피언이 되다."

#내_인생_선물_마라톤과_김교신_선생님 #올림픽의_꽃 마라톤_금메달
#조선인은_강하다 #베를린_하늘_아래_두_청년의_슬픔

김교신 선생님의 은혜

"기정아, 기정아 힘을 내라. 조선을 생각해라. 넌 할 수 있어."

일본 도쿄에서 열린 베를린 올림픽 마라톤 대표 선수 선발 대회. 마지막 코스를 남겨
두었을 때, 나는 기력이 완전히 떨어져 쓰러지기 일보 직전이었어. 그 순간 선생님의 응
원 소리가 혼미해지는 정신을 깨웠어. 자전거를 타고 나를 따라오시던 김교신 선생님.
일제 강점기의 교육자, 독립운동가, 기독교인이셨던 그는 아낌없이 가르침을 베푼 참 스
승이셨지.

1912년 신의주의 몰락한 가정에서 태어난 나는 소학교를 졸업한 뒤 회사를 다니며 생
계를 유지했어. 이때는 차비가 없어 20여 리 길을 매일 달려서 출퇴근했거든. 이런 모진

고독한 런닝맨.

오늘도 달리고 달리고 달리고.

1933년 ~ 1936년
13개 대회 출전 10번 우승.

손기정의 올림픽
우승은 기정사실.

환경에서 길러진 습관과 체력이 장차 올림픽 제패의 원동력이 된 거야. 나는 1932년 동아일보가 주최한 하프 마라톤에서 준우승을 했는데 그 인연으로 양정 고등 보통학교에 입학하게 되었고 그곳에서 김교신 선생님을 만났어. 덕분에 중단했던 학업을 계속할 기회를 얻고 본격적으로 마라톤 훈련도 받을 수 있었지. 실력이 나날이 성장하여 1933년부터 1936년까지 13번 마라톤 대회에 참가했고 그중 10번을 우승했어.

민족 첫 올림픽 챔피언의 그림자

1936년 8월 9일 오후 3시 베를린 올림픽 스타디움에서 시작된 역사적인 마라톤 대회. 일본인들의 시샘과 온갖 방해 공작을 뚫고 나는 일본 대표로 발탁되었어. 나는 양정 고등 보통학교의 남승룡 선배와 함께 출전했어. 그 형은 나의 페이스 메이커 역할을 하면서도 무려 동메달을 획득했지. 당연히 나는 금메달을 목에 걸었어. 하지만 스타디움에는 태극기가 아닌 일장기가 올랐고 일본 국가가 흘러나왔어. 월계관을 쓴 나와 승룡이 형은 마치 짠 것처럼 동시에 고개를 푹 숙였지. 고개를 숙이니 상품으로 받은 월계수 묘목이 눈에 들어왔어. 나는 얼른 그것으로 가슴에 달린 일장기를 가려 버렸어. 갖은 고생 끝에 얻은 이 영광이 일본의 것이 된 것에 통탄했거든.

이름값 하는 역사 인물

인물들의 이름은 과연 어떤 한자와 뜻을 가지고 있을까요?
이름 뜻과 꼭 맞는 삶을 산 인물들을 알아보아요.

주몽	강희안
김수로	임꺽정
을지문덕	이순신
왕건	한호
최충헌	주시경
지눌	신돌석
정도전	조만식
김시습	윤동주

朱蒙

붉을 주 어리석을 몽

주몽은 부여 사투리로 '활 잘 쏘는 사람'이라는 뜻이야.
나는 동명성왕(東明聖王)이라고도 불리지.

중국 역사책에는 내 이름이 朱蒙이라고 적혀 있어.
朱는 옷을 입지 않아 몸이 붉은 어린아이란 뜻이고
蒙은 맹수에게 쫓기다가 풀(艹)더미를
뒤집어쓰고(冖) 자기는 숨었다고 생각하는
돼지(豕)처럼 어리석다는 뜻이야.

내가 세운 고구려가 중국 대륙까지 영토를 넓혔고
여러 차례 중국과의 전쟁에서 큰 승리를 거뒀었거든.
그게 자존심이 상해서 내 이름을 그렇게 썼나 봐.

金首露

성씨 김　머리 수　드러낼 로

황금(金) 색 알 여섯 개 중에서
가장 먼저 머리(首)를 드러낸(露) 나.
나는 금관가야를, 나머지 동생들도
다섯 개의 가야를 각각 맡아
우리는 '유나이트 가야'가 되었지.

출생 스토리 못지않게 결혼도 특별했어.
초장거리 국제결혼을 했거든.
나의 신부는 멀리 인도 아유타국에서 온
공주 허황옥이야.

가야는 지금의 김해(金海: 쇠 금/성씨 김, 바다 해) 지방
이야.
'쇠의 바다'라는 지명처럼 철이 많이 생산되었지.

乙支文德

새 **을** 가를 **지** 글월 **문** 덕 **덕**

수나라 대군을 물리친 내 전술과 전략의 바탕은
바로 글공부라고 할 수 있지.
내 이름이 괜히 문덕이겠어?

수나라 적장 우중문을 희롱하며 보낸 「여수장우중문시」는
우리나라에서 가장 오래된 한시이기도 해.

神策究天文(신책구천문)
그대의 신기한 책략은 하늘의 이치를 다했고
妙算窮地理(묘산궁지리)
오묘한 계획은 땅의 이치를 다했노라.
戰勝功旣高(전승공기고)
전쟁에 이겨서 그 공이 이미 높으니
知足願云止(지족원운지)
만족함을 알고 그만두기를 바라노라.

우중문은 이 시를 읽고
싸울 기력을 잃었다고 해.
결국 수나라 대군은 평양성을
코앞에 두고 퇴각했지.

王建

임금 **왕**　세울 **건**

나는 원래 궁예(弓裔: 활 궁, 후손 예)의 부하였어.
활의 후예라는 이름처럼 그는 성격이
무척 날카롭고 무자비했지.

그를 몰아내고 왕이 된 나는 나라 이름을
'고려'라고 지었지.
KOREA가 바로 이 고려에서 나온 거야.

후백제의 견훤(甄萱: 질그릇 견, 원추리 훤)은
마지막까지 내게 큰 위협이 되었던 사람이었지.
결국은 나의 신하가 되었지만 말이야.

崔忠獻

성씨 최   충성 충   바칠 헌

나는 야심이 큰 사람이었어.
일인 집권 체제를 확립하기 위해
동생, 조카를 죽인 것은 물론 반란을 일으킨
노비들도 싹 다 물에 빠트려 죽였지.
권력을 유지하기 위해서는 못할 일이 없었어.
집권 기간 동안 왕을 네 명이나 갈아 치우기도 했지.

최씨 무신 집권기를 연 나는
당시 엄청난 파워를 가지고 있었어.
무려 17년간 최고 지배자로 권력을 누렸지.

그래도 이것만은 꼭 기억해 달라구.
난 왕이 될 생각은 없었고,
왕들을 거침없이 바꾸긴 했지만
바꾼 왕들을 죽이지는 않았단 걸.

知 訥

알 지 말 더듬을 눌

내 법명은 '참된 앎이란 어눌한 것이다.'라는 뜻이야.
눌(訥)자를 보면 말(言)이 입 안(內)에서
잘 나오지 못하는 모양을 하고 있지.

나는 선종 입장에서 교종을 품으려고 노력했어.

고려 불교 쇄신 해법은
'교종'이 '선종'으로
흡수 통합 되는 것.

禪

그래도 무식해지지
않게 선종도 참선만
하지 말고 공부도
게으르지 말게.

사기꾼들이
원래 말을
잘하는 법.

부처는
마음속에
있는데.

不立文字 (불립문자)!
말이나 문자가
뭣이 중헌디?

나중에는 왕으로부터
보조 국사(普照國師: 두루 조, 비출 조, 나라 국, 스승 사)
라는 타이틀을 받았지.

鄭道傳

정나라 정 · 길 도 · 전할 전

고려 말기는 권문세족의 부패 정치가 심각했지.
거기에 기생충처럼 붙어살던
불교도 함께 망해 가고 있었어.
더 이상 고려에는 희망이 보이지 않았고
나는 새로운 왕조를 세워야겠다고 마음먹었어.

개혁 과정에서 의견이 다른 스승 이색과
친구 정몽주에게 등을 돌려야 했던
아픔도 있었지만 어쩔 수 없었어.

그렇게 나는 새로운 나라 조선을
성리학 세계로 설계하는
총책임자가 되었어.

金時習

성씨 김 때 시 익힐 습

내가 태어난 곳은 서울 명륜동.
조선 최고의 교육 기관인
성균관이 근처에 있었지.

나는 어린 시절부터
여기서 젊은 선비들이
글 읽는 소리를 들으며 자랐어.

공자의 언행을 기록한 책인 『논어』
첫째 장, 첫째 줄은 이렇게 시작해.

學而時習之 不亦說乎
(학이시습지 불역열호: 배우고 때때로
그것을 익힌다면 또한 기쁘지 아니한가?)

姜希顔

성씨 강 바랄 희 얼굴 안

공자에게는 수많은 제자들이 있었는데
안회(顔回)는 공자에게 가장 사랑받는 제자였어.
나의 부모님은 내가 공자의 원픽 제자였던
안회처럼 살기를 바라시는 마음으로
내 이름을 지으셨지.

내 동생 이름은 한 술 더 떠.
무려 맹자(孟子)처럼 살기를 바란다는 뜻으로
이름을 지으셨거든.
조선의 대표적인 문장가 강희맹(姜希孟)이
바로 내 동생이야.

소문난 원예가이기도 했던 나는
『양화소록(養花小錄:
기를 양, 꽃 화, 작을 소, 기록할 록)』
이라는 책도 냈지.

본문 72쪽

林巨正

수풀 림(임) 클 거 바를 정

나는 조선 시대 도축업자
'백정' 집안의 후손이야.
소나 돼지를 도축하려면 힘뿐만 아니라
고도의 테크닉이 필요한데,
그런 전문성을 인정받기는커녕
천민 중에도 가장 천대받으며 살았어.

나는 당시 타락하고 어지러웠던 세상을
크게(巨) 바로(正) 잡고 싶었지.
그래서 백성들을 수탈하는 관리와 양반들의
재물을 털어 가난한 이들에게 나눠 주었어.

한때 나의 책사였던 서림 놈이
변절해서 고자질하는 바람에
4년간 세상을 뒤흔들었던
나의 시대도 막을 내렸어.

李舜臣

오얏 리(이) 순임금 순 신하 신

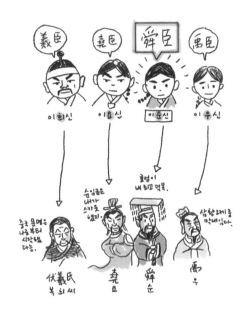

우리는 독수리 5형제보다 멋진 4형제였어.
중국 신화를 보면 8명의 위대한 임금이 나오는데,
이 사람들을 삼황오제(三皇五帝)라고 불러.
부모님께서는 그중 4명의 이름을 따
우리 형제들의 이름을 지으셨어.
특히 요임금과 순임금이 다스리던
'요순시대'는 태평성대의 상징이야.
그러니까 내 이름은 백성들이 태평성대를
누리게 만드는 신하가 되라는 뜻이지.

내가 전사했던 노량 해전을 끝으로 왜란이 끝나고
평화가 찾아왔으니 이름대로 살았다 싶어.

내가 죽고 나서는 무의공 이순신이
나의 권한 대행을 했었어.
그는 나를 순수하게 믿고 따라 준 내 최애 부하였지.

韓濩

나라 **한** 퍼질 **호**

사람들은 나를 한석봉으로 잘 알고 있지만
진짜 이름은 한호야.
석봉(石蜂: 돌 석, 봉우리 봉)은 호야.

濩는 물이 '똑똑 떨어지다',
'퍼지다'라는 뜻이 있어.
연적으로 벼루에 물을 보충하는 것,
종이에 먹물이 번지는 것이 연상되지 않니?

내가 국민 명필이 될 수 있었던 것은
두 가지 때문이야.
하나는 어머니의 한없는 사랑이고
다른 하나는 바로 끝없는 노력이야.

본문 106쪽

周時經

두루 **주**　때 **시**　글 **경**

내가 태어난 곳은 황해도 봉산군이야.
국가 무형 문화재 제17호
봉산 탈춤의 본고장이지.

나는 어릴 때 서당에서 한문 공부를 하면서
우리말의 소중함을 알게 되었어.

실제로 내 별명이 '두루 때 글'이었어.
'한글'이란 말도 내가 만든 거야.

申乭石

거듭 신 돌 돌 돌 석

내 본명은 '크고 넓다'는 의미의 태호(泰浩)야.
어릴 적엔 '돌선(乭先)'이라 불렸었는데,
의병 활동을 하며 더욱 평민스러운 이름인
'돌석'으로 불렸지.

돌(乭)자는 우리 조상들이 만든
리얼 토종 한자야.
돌 석(石)에 새 을(乙)을
합쳐서 만들었지.

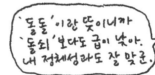

또 이름에 돌(乭)이 들어가는 인물로는
알파고와 대결을 펼친 그가 있지.

曹晚植

성씨 조   늦을 만   심을 식

나를 식물로 비유하자면 늦게(晚) 심은(植)
나무라고 할 수 있지.
내 호는 고당(古堂: 오랠 고, 집 당)이야.

중학교에 들어가기 전엔
사업가로 돈깨나 만졌지.
돈 자랑이나 하며 방탕하게 살았어.
특히 술고래로 명성이 자자했는데
친구의 전도로 기독교인이 되었지.

일본 유학 시절에 인도의
마하트마 간디를 알게 되었어.
그의 비폭력 저항 정신에 감명을 받고
그를 모델로 삼았지.
늦게 철이 들었지만 그만큼
평생 기독교 정신으로 민족을 위해 살았어.
출발이 좀 늦었다고 실망하지 마.

본문 124쪽

尹東柱

성씨 **윤**   동녘 **동**   기둥 **주**

나는 만주 북간도 이민 4세대야.
우리 집안은 할아버지 때부터
기독교·독립운동가 집안이었지.
'민족주의 크리스천 한인 타운'
명동촌(明東村)도 북간도에 있었어.

대학에 가기 전까지 나는 동시를 많이 썼어.
東舟(동녘 동, 배 주: 조선의 작은 배),
童舟(아이 동, 배 주: 아이들이 타는 배)라는
필명을 쓰기도 했지.

송몽규는 나의 고종사촌이자 평생의 동지였어.
그는 뛰어난 문학가이면서 독립운동가였어.
초중고, 대학 동창에 일본 유학까지
같이 간 각별한 사이야.